高职高专“十二五”规划精品教材
财经商贸类系列教材

经济法习题集

JINGJIFA XITIJI

主 编 石玫珑

U0952779

西南财经大学出版社
Southwestern University of Finance & Economics Press

图书在版编目(CIP)数据

经济法习题集/石玫珑主编. —成都:西南财经大学出版社,2012.12
ISBN 978-7-5504-0868-5

Ⅰ.①经… Ⅱ.①石… Ⅲ.①经济法—中国—高等学校—习题集
Ⅳ.①D922.29-44

中国版本图书馆 CIP 数据核字(2012)第 246452 号

经济法习题集
主　编:石玫珑

责任编辑:杨　琳
封面设计:杨红鹰
责任印制:封俊川

出版发行	西南财经大学出版社(四川省成都市光华村街 55 号)
网　　址	http://www.bookcj.com
电子邮件	bookcj@foxmail.com
邮政编码	610074
电　　话	028-87353785　87352368
照　　排	四川胜翔数码印务设计有限公司
印　　刷	四川森林印务有限责任公司
成品尺寸	185mm×260mm
印　　张	7.25
字　　数	175 千字
版　　次	2012 年 12 月第 1 版
印　　次	2012 年 12 月第 1 次印刷
印　　数	1—2000 册
书　　号	ISBN 978-7-5504-0868-5
定　　价	15.00 元

1. 版权所有,翻印必究。
2. 如有印刷、装订等差错,可向本社营销部调换。
3. 本书封底无本社数码防伪标志,不得销售。

编者说明

本书为《经济法》教材的配套习题集，是帮助学生加深理解《经济法》教材中所涉及的基础知识、法律制度及灵活运用教材内容的教学辅导书。依据《经济法》教材的结构，针对每章教材的内容，本书设计了术语解释、单项选择题、多项选择题、判断题和案例分析题，并附有习题参考解答。本习题集不仅可以帮助学生自学和预习教材的内容，还能帮助学生复习课堂知识、帮助理解和掌握教材有关的重点和难点，提高学生对经济法律法规的综合运用能力。

需要说明的是，由于是配套习题集，为简便起见，本习题集中所列各种法律制度的名称均采用简称。例如，《中华人民共和国公司法》简称《公司法》。

本习题集由石玫珑主编。具体编写分工如下：石玫珑编写第一、七、八章；司丽娟编写第五、六、十一章；郭军华编写第二、三、四章；褚旭编写第九章、第十章。

目 录

第一章　经济法基础知识 ………………………………………………（1）
习题 ………………………………………………………………（1）
参考解答 …………………………………………………………（11）

第二章　公司法 ……………………………………………………（15）
习题 ………………………………………………………………（15）
参考解答 …………………………………………………………（24）

第三章　合伙企业法 ………………………………………………（27）
习题 ………………………………………………………………（27）
参考解答 …………………………………………………………（36）

第四章　个人独资企业法 …………………………………………（38）
习题 ………………………………………………………………（38）
参考解答 …………………………………………………………（43）

第五章　合同法律制度 ……………………………………………（45）
习题 ………………………………………………………………（45）
参考解答 …………………………………………………………（57）

第六章　工业产权法 ………………………………………………（61）
习题 ………………………………………………………………（61）
参考解答 …………………………………………………………（71）

第七章　反垄断法 …………………………………………………（74）
习题 ………………………………………………………………（74）
参考解答 …………………………………………………………（79）

目　录

第八章　反不正当竞争法 …………………………………………………………(82)
习题 ……………………………………………………………………………(82)
参考解答 ………………………………………………………………………(88)

第九章　产品质量法 ………………………………………………………………(90)
习题 ……………………………………………………………………………(90)
参考解答 ………………………………………………………………………(95)

第十章　消费者权益保护法 ………………………………………………………(98)
习题 ……………………………………………………………………………(98)
参考解答 ………………………………………………………………………(104)

第十一章　税法 …………………………………………………………………(106)
习题 ……………………………………………………………………………(106)
参考解答 ………………………………………………………………………(111)

第一章 经济法基础知识

习　题

一、术语解释

1. 经济法
2. 经济法律关系
3. 经济权利
4. 经济义务
5. 经济法律事实
6. 财产所有权
7. 代理
8. 经济法律责任
9. 仲裁
10. 诉讼时效

二、单项选择题

1. 下列选项中，不属于我国经济法的调整对象的有（　）。

A. 彩华公司设立董事会　　　　　B. 李某与刘某合办一家制砖厂

C. 老王收养一名孤儿　　D. 小李缴纳个人所得税

2. 在经济管理和协调过程中依法独立享有一定权利和承担一定义务的当事人是经济法律关系的（　　）。

A. 主体　　B. 客体

C. 内容　　D. 事实

3. 甲、乙双方签订一份修理 1 台设备的合同，由此形成的法律关系客体是（　　）。

A. 乙方修理的该设备　　B. 甲、乙双方

C. 乙方承接修理设备的劳务行为　　D. 甲、乙双方承担的权利和义务

4. 作为经济法律关系的国家机关主要是指（　　）。

A. 国家权力机关　　B. 经济管理机关

C. 审判机关　　D. 检察机关

5. 经济法律关系是经济法在调整人们行为过程中所形成的（　　）。

A. 自觉与强制的关系　　B. 命令与服从的关系

C. 指引与遵守的关系　　D. 权利和义务的关系

6. 下列客观现象中，（　　）属于法律事实中事件的范围。

A. 订立销售合同　　B. 家政公司钟点工服务

C. 地震　　D. 选举公司董事长

7. 经济法律关系的设立、变更、终止都是由（　　）决定的。

A. 企业法人　　B. 经营管理权

C. 法律事实　　D. 工业产权

8. 林某的一块瑞士名表不慎丢失，被人捡到后送到失物认领处。王某未在规定期限内前去认领，手表被依法拍卖给孙某。而后，孙某又将此手表送给女友作王某生日礼物。手表在王某第二天乘公交车时被偷去，小偷下车后即以 100 元的低价卖给郑某。该手表的所有权属于（　　）。

A. 王某　　B. 孙某

C. 林某　　D. 郑某

9. 下列选项中，属于财产所有权的原始取得的是（　　）。

A. 爷爷送给今年刚满 3 岁的小宝一架钢琴作为生日礼物

B. 王某继承父亲的一处房产

C. 甲公司股份转让获得现款50万元。

D. 2011年乙公司获纯利润62万元

10. 养牛专业户王某的一头奶牛得了重病，王某恐怕此牛得的是传染病，于是将此牛拉到野外抛弃。刘某经过时发现了，将牛拉回家中，经过刘某的精心喂养，此牛病愈并成为一头高产奶牛。半年后，王某听说此事，向刘某索要此牛。依照法律，王某（　　）。

A. 有权请求刘某返还此牛，因为刘某拾得牛并据为已有，构成不当得利

B. 有权请求刘某返还此牛，但应补偿刘某喂养此牛所支出的费用及劳务费

C. 无权请求刘某返还此牛，因为他的抛弃行为已使其所有权消灭，刘某基于先占而取得牛的所有权

D. 无权请求刘某返还此牛，但可以请求刘某给予适当补偿

11. 司机王某要出差到烟台，李某委托他代买一箱黄金梨，王某见当地黄金梨物美价廉，就多买了一箱。此行为属于（　　）行为。

A. 没有代理权　　B. 有权代理

C. 滥用代理权　　D. 超越代理权

12. 甲公司业务经理乙长期在丙餐厅签单招待客户，餐费由公司按月结清。后乙因故辞职，月底餐厅前去结账时，甲公司认为，乙当月的几次用餐都是招待私人朋友，因而拒付乙所签单的餐费。下列（　　）选项是正确的。

A. 甲公司应当付款　　B. 甲公司应当付款，乙承担连带责任

C. 甲公司有权拒绝付款　　D. 甲公司应当承担补充责任

13. 铁路、公路、水路货物运输和联合货物运输中发生的合同纠纷，由下列（　　）仲裁机构管辖。

A. 合同签订地　　B. 合同履行地

C. 运输始发地　　D. 仲裁协议选定的

14. 仲裁庭在作出裁决前，可以先行调解。当事人自愿调解的，仲裁庭应当调解，调解不成的应采取下列（　　）做法。

A. 应及时进行仲裁　　B. 说服当事人执行仲裁庭的调解协议

C. 重新调解　　D. 告知当事人向法院起诉

15. 下列选项中，不是经济仲裁原则的是（　　）。

A. 独立原则　　B. 自愿原则

C. 一裁终局原则　　D. 两审终审原则

16. 甲、乙两方合同纠纷申请仲裁，仲裁机构就此进行了裁决，但甲方不履行裁决，这时乙方可以依法向（　）申请执行。

A. 仲裁机构　　B. 工商行政管理局

C. 人民政府　　D. 人民法院

17. 关于民事案件的级别管辖，下列（　）选项是正确的。

A. 第一审民事案件原则上由基层人民法院管辖

B. 涉外案件的管辖权全部属于中级人民法院

C. 高级法院管辖的一审民事案件包括在本辖区内有重大影响的民事案件和它认为应当由自己审理的案件

D. 最高人民法院仅管辖在全国有重大影响的民事案件

18. 根据《民事诉讼法》的规定，（　）按专属管辖办理。

A. 企业破产案件　　B. 保险合同纠纷

C. 继承遗产纠纷　　D. 票据纠纷

19. 甲与乙在A市签订了一份买卖合同，约定在双方住所地以外的B市履行合同，合同尚未实际履行，双方即发生争执。为此，甲提起诉讼，下列（　）人民法院对甲、乙双方的合同纠纷有管辖权。

A. 甲住所地　　B. 乙住所地

C. A市　　D. B市

20. 根据《民法通则》的有关规定，下列选项中，不适用于特别诉讼时效期间的情形是（　）。

A. 借款利息未支付　　B. 出售质量不合格商品而未声明的

C. 身体受到伤害要求赔偿的　　D. 寄存财物被丢失的

三、多项选择题

1. 经济法的调整对象是特定的经济关系，这些关系主要体现在（　）。

A. 经济管理关系　　B. 经济组织内部经济关系

C. 劳动和社会保障关系　　D. 维护公平竞争关系

2. 下列各项中，属于经济法律关系的有（　）。

A. 消费者因商品质量问题与商家发生的赔偿与被赔偿关系

B. 税务局局长与税务干部之间发生的领导与被领导关系

C. 企业厂长与企业职工在生产经营管理活动中发生的经济关系

D. 税务机关与纳税人之间发生的征纳关系

3. 经济法律关系的三个要素由（　）所构成。

A. 经济法律关系的主体　　B. 经济法律关系的客体

C. 经济法律关系的内容　　D. 经济法律事实

4. 经济法律关系的内容包括（　）。

A. 经济行为　　B. 经济权利

C. 经济义务　　D. 经济法律事实

5. 经济法律关系的客体十分广泛，概括起来可分为（　）。

A. 物　　B. 事件

C. 行为　　D. 无形资产

6. 下列活动中，（　）属于经济法律关系主体承担的义务。

A. 欠债还钱　　B. 债主收钱

C. 运输公司运送货物　　D. 希望工程捐款

7. 下列活动中，（　）属于经济法律关系主体应享有的权利。

A. 买主收到货物　　B. 贷方收到还款

C. 提供仓储服务　　D. 收取账外回扣

8. 下列各项中，属于法律事实中的行为的有（　）。

A. 经济管理行为　　B. 消费者的消费行为

C. 合同欺诈行为　　D. 偷漏税行为

9. 财产所有权是财产所有人依法对自己的财产享有（　）的权利。

A. 占有　　B. 使用

C. 收益　　D. 处分

10. 下列现象中，属于事实上处分的是（　）。

A. 出售商品　　B. 吃零食

C. 向地震灾区捐款　　D. 生产用水

11. 下列行为中，属于法律上的处分的是（　）。

A. 将自己闲置的房子出租

B. 向地震灾区捐款

C. 将年久失修的房屋自己加以修缮

D. 将废旧家电丢在废旧物品回收处

12. 兄弟三人继承父亲一处长期闲置房产。家中老大外出打工，于是老二、老三经商议后将房子卖给了刘某，卖房款一分为三，他们俩各取其一，剩下的一份留给老大。老大回来后获悉此事，认为未经自己同意，老二、老三无权卖房。老二、老三认为应该少数服从多数。对此，下列说法正确的是（　　）。

A. 老二、老三的行为侵犯了老大的所有权

B. 老二、老三的行为侵犯了老大的优先购买权

C. 若刘某取得这处房产并非善意，则老大可以主张该买卖无效

D. 若刘某取得该房产出于善意，则老二、老三应该赔偿给老大造成的损失

13. 按照代理权产生的根据不同，代理可分为（　　）。

A. 独家代理　B. 法定代理

C. 指定代理　D. 委托代理

14. 无权代理主要表现形式为（　　）。

A. 未经授权的“代理”　B. 代理权消灭后的“代理”

C. 超越代理权限的“代理”　D. 双方代理

15. 经济违法行为承担的民事责任可以是（　　）。

A. 责令停产停业　B. 支付违约金

C. 恢复原状　D. 修理、重作

16. 经济违法行为承担的行政责任可以是（　　）。

A. 停止侵害　B. 吊销执照

C. 没收非法财物　D. 管制

17. 当事人处理争议的方式可选择（　　）。

A. 提交仲裁机构裁决　B. 当事人相互协商

C. 进行行政调解　D. 提起诉讼

18. 下列争议中，不适用《仲裁法》进行仲裁的是（　　）。

A. 某公司与某职工李某因解除劳动合同发生的争议

B. 高某与其弟弟因财产继承发生的争议

C. 某运输公司与保险公司因保险标的的理赔而发生纠纷

D. 王某因不服某公安局对其作出的罚款决定与该公安局发生的争议

19. 上海甲区的欣欣公司与北京乙区的华维公司签订化工原材料买卖合同。合同约定：交货地北京丙区。合同签订后，欣欣公司书面传真告知华维公司货在上海丁区，希望在丁区交货。华维公司同意，双方在丁区交货。后因化工原材料存在质量问题，华维公司决定起诉。下列（　）法院有管辖权。

A. 甲区法院　　B. 乙区法院

C. 丙区法院　　D. 丁区法院

20. 下列（　）案件由规定的人民法院专属管辖。

A. 因侵权行为纠纷　　B. 不动产纠纷

C. 港口作业发生纠纷　　D. 继承遗产纠纷

四、判断题

1. 经济法调整一切经济关系。（　）

2. 经济法律关系中如果缺少其中任何一个要素，便不能构成经济法律关系；但如果其中任何一项内容发生变化，一般不会引起经济法律关系的变更。（　）

3. 经济法律事实按照其发生是否与当事人的意志有关为标准，可将法律事实分为事件和行为两类。（　）

4. 对于共同共有来说，在共有关系存续期间，对共有财产的使用、处分和分割等，除法律另有规定或共有人另有约定外，必须取得全体共有人的同意。（　）

5. 被代理人甲曾对乙表示已将销售业务代理权授予丙，而实际上甲并未授权给丙。后丙以甲的名义与乙签订货物买卖合同，则甲应对丙签订该合同的行为承担法律责任。（　）

6. 经济法律责任是经济法主体违反合同义务时应当承担的责任。（　）

7. 法律责任与道义责任和社会责任不同的是：法律责任具有国家强制性，并以法律的规定为最终依据。（　）

8. 民事责任是指行为人违反经济法，造成严重后果，触及国家刑事法律，构成犯罪的，由司法机关代表国家所确定的否定性法律后果。（　）

9. 仲裁庭制作的调解书与裁决书具有同等的法律效力。（　）

10. 车主刘某将自己购置的新车停放在郑州市金水区某单位院内，第二天发现车子的前挡风玻璃被砸烂，于是刘某向郑州市中级人民法院起诉，要求该单位赔偿自己的车辆损失。郑州市市中级人民法院认为此案不符合起诉条件，裁定不予受理。该法院

的做法符合法律规定。　　　　　　　　　　　　　　　　　　　　　　　　　（　）

五、案例分析题

1. 2010年6月12日，龙翔酒店因欠供应商个体工商户刘宏、张明、赵君的欠款无力偿还，经协商，将酒店的音响设备作价6万元，抵偿给刘宏、张明、赵君三人。其中，抵偿给刘宏3万元、张明2万元、赵君1万元。刘宏、张明、赵君均将酒店开具的欠条还给酒店，三人约定由刘宏实际保管该音响设备并联系买主。2010年10月4日，刘宏打电话给张明，称石某要买音响，价款5万元。张明表示不同意按此价格出售。同月22日，刘宏在未告知张明、赵君的情况下将音响设备卖给了石某，所得价款自留3万元，剩余的2万元交给张明。赵君得知后，向法院起诉，要求确认刘宏与石某之间的买卖合同无效。

请问：

（1）本案存在哪些法律关系？为什么？

（2）音响设备的所有权应当归谁？为什么？

（3）对本案应如何处理？为什么？

2. 南华乡盛产柑橘。2011年6月东凯公司与南华乡之间签订柑橘收购合同，合同规定7月东凯公司向南华乡支付合同定金5万元，11月南华乡向东凯公司提供总价值40万元的柑橘。不料，当年8月南华乡所在地区发生严重泥石流，南华乡柑橘种植严重受损，致使南华乡不能按期向东凯公司履行合同。东凯公司了解此情况后，提出解除收购合同，南华乡退还东凯公司5万定金，至此双方合同终止。

请问：引起双方经济法律关系产生、终止的法律事实是什么？

3. 甲与乙为大学同学，甲因外地实习便将自己的台式电脑交于乙保管。乙因生活拮据，遂将该电脑卖给丙。丙以为该电脑归乙所有，故以2000元的价格成交。半年后，甲实习结束回来，要求乙返还电脑，在得知乙已将该电脑卖给丙之后，甲遂以乙无权处分为由要求丙返还电脑。丙拒绝返还，甲于是就此案向法院提起诉讼。

请问：

（1）甲要求丙返还电脑的诉讼请求法院是否会予以支持？为什么？

（2）甲的损失应该由谁来赔偿？甲应该如何维护自己的权利？

4. 甲、乙和丙合伙经营运输业，三人合资一辆小型运输车一台，价款共10万元，甲出资2万元，乙、丙各出资4万元。由甲开车，乙和丙协助联系业务做助手。合同约定，甲、乙、丙三方各自占有合伙经营的1/3份额，按比例分享利益和承担风险。合伙经营两年后，乙想个人外出经商，以4万元价格将自己的财产份额转让给朋友丁，由丁参加合伙经营，并按1/3的比例享有权利和承担义务。但乙事先未征得甲和丙的同意，当丁参加运输经营活动时遭甲和丙的拒绝。此时，甲因违章驾驶撞到了戊，致使戊花费住院治疗等1.4万元。对此，甲认为运输车是共有的，三人应该共同承担责任；乙认为是甲违章造成，责任应当由甲承担；丁认为自己没有参与合伙经营，故可以不承担任何责任。发生纠纷，诉至某人民法院。

请问：

（1）本案中的小型运输车属于什么性质的财产？甲、乙、丙对这台运输车的权利怎样？

（2）本案中乙转让合伙财产的行为是否正确？为什么？

（3）甲和丙拒绝丁参加运输经营活动是否合理？为什么？

（4）对于运输车的肇事责任，甲、乙、丙三人应如何承担？

5. 甲到宠物市场上购买小鸟，乙正好要到宠物市场上出售刚出生7天的两条小狗，于是两人相伴而行。行至途中，乙突然有急事要处理，乙便请求甲帮忙先带着小狗到宠物市场，自己随后就到。甲到达宠物市场后不久，丙看上了这两条小狗。于是，甲就与丙商议可以低价卖给丙，前提条件是丙要给甲相应的报酬；同时甲、丙两人还统一口径说，因两条小狗得病不得不低价出售。事隔几日，乙从朋友那里得知实情，遂要求甲、丙赔偿损失。

请问：

（1）甲出售小狗的行为属于什么性质？

（2）乙是否有权要求甲、丙赔偿损失？为什么？

6. 2006年7月，石家庄市甲医院与广州市乙医疗器械公司签订了一份买卖合同。合同中的仲裁条款规定："因履行合同发生的争议，由双方协商解决；无法协商解决的，由仲裁机构仲裁。"2006年9月，双方发生争议，甲医院向其所在地的石家庄市仲裁委员会递交了仲裁申请书，但乙医疗器械公司拒绝答辩。同年11月，双方经过协商，重新签订了一份仲裁协议，并商定将此合同争议提交该乙医疗器械公司所在地的广州市仲裁委员会仲裁。事后，甲医院担心广州市仲裁委员会实行地方保护主义，偏袒乙医疗器械公司，故未申请仲裁，遂向合同履行地法院提起诉讼，但起诉时没有说明此前两次约定仲裁的情况，法院受理此案，并向乙医疗器械公司送达了起诉状副本，该器械公司向法院提交了答辩状。法院经审理判决被告某乙医疗器械公司败诉，被告不服，理由是双方事先有仲裁协议，法院判决无效。

请问：

(1) 本案中买卖合同中的仲裁条款是否有效？请说明理由。

(2) 争议发生后，双方签订的仲裁协议是否有效？为什么？

(3) 原告甲医院向法院提起诉讼正确与否？为什么？

(4) 法院审理本案是否正确？为什么？

(5) 被告乙医疗器械公司的上诉理由是否正确？为什么？

(6) 被告是否具有上诉权？为什么？

7. 原告杭州娃哈哈集团公司（以下简称娃哈哈集团）以被告珠海巨人高科技集团公司（以下简称巨人集团）有不正当竞争行为为由，向浙江省杭州市中级人民法院提起诉讼。

原告诉称："娃哈哈儿童营养液"是本公司研制生产的产品，其广告词"喝了娃哈哈，吃饭就是香"已经家喻户晓。该产品先后获全国最受欢迎的保健产品、国家星火二等奖、中国优质保健品金奖等二十余项大奖，销售额近年来一直保持在全国同类产品的领先地位。原告也由于此产品在海内外享有较高的商业信誉和商品声誉。1995年初，被告巨人集团生产了一种与"娃哈哈儿童营养液"类似的产品"巨人吃饭香"投放全国市场，并专门印制了一种《巨人集团健康产品销售书、巨人大行动》的宣传册，在全国各地的食品、医药等销售单位、消费者中广为散发。该宣传册中称："据说娃哈哈有激素，造成小孩早熟，产生许多现代儿童病。"为此，全国各地娃哈哈产品的销售商和消费者纷纷要求原告对此作出解释。被告的这一行为，致使娃哈哈儿童营养液在全国各地的销售量下跌，出现了1987年投产以来的第一次负增长，就连原告"大本营"杭州市的销售量也难逃厄运。截至1995年12月31日，原告由此减少销售收入4492.92万元，直接经济损失达673.938万元。更为严重的是，原告良好的商业信誉、商品声誉和企业形象亦因此而受到了极大损害。被告的行为已构成不正当竞争，侵害了原告的合法权益。故请求法院判令被告立即停止损害原告商业信誉和商品声誉的不正当竞争行为；要求被告赔偿直接经济损失673.938万元和名誉损失费320万元；并要求被告公开赔礼道歉、恢复影响及承担本案诉讼费用等。

请问：

(1) 杭州市中级人民法院是否受理娃哈哈集团的起诉？为什么？

（2）原告向法院提出的诉讼请求中要求巨人集团承担的是什么责任？

8. 宋某与房东杜某商定租其一间门面房做小吃店，租期为 2010 年 9 月 1 日—2011 年 8 月 31 日。先预付半年租金，第 6 个月期满时（2011 年 2 月 28 日）再支付其余租金。经履行法定程序后，宋某按期进驻经营小吃店。但 2011 年 2 月 28 日，宋某并未支付其余租金。2011 年 8 月，在仍未支付其余租金的情况下，小吃店突然停业，宋某也不知去向。这期间，杜某从未向宋某追要过其余租金。

请问：

（1）杜某为有效保护自己的权益，应在什么时间内主张自己的权利？为什么？

（2）如果 2012 年 1 月 10 日杜某突然患病死亡，其子女为争夺继承权诉至法院。2012 年 5 月 10 日，法院二审作出判决。则杜某的继承人向宋某主张权利的诉讼时效期间应如何计算？为什么？

（3）如果 2011 年 6 月 1 日，在杜某多次追讨下，宋某写下保证书，保证 2011 年 7 月 31 日之前付清房租，但到期并未支付。则杜某主张租金权利的诉讼时效期间如何计算？

参考解答

一、术语解释

（略）

二、单项选择题

1. C	2. A	3. C	4. B	5. D	6. C
7. C	8. A	9. D	10. C	11. D	12. A
13. D	14. A	15. D	16. D	17. A	18. C
19. B	20. A				

三、多项选择题

1. ABCD	2. ACD	3. ABC	4. BC	5. ACD	6. AC

7. AB 8. ABCD 9. ABCD 10. BD 11. ABD 12. ABCD
13. BCD 14. ABC 15. BCD 16. BC 17. ABCD 18. ABD
19. AD 20. BCD

四、判断题

1. × 2. × 3. √ 4. √ 5. √ 6. ×
7. √ 8. × 9. √ 10. √

五、案例分析题

1.（1）本案存在如下法律关系：龙翔酒店与刘宏、张明、赵君之间的债权债务法律关系；刘宏、张明、赵君三人对音响的共同共有的法律关系；刘宏对音响的销售构成无权代理关系（或者无权处分关系）；刘宏与赵君之间存在侵权关系。

（2）本案音响设备的所有权应当归石某。石某是因善意取得而获得了该音响设备的所有权。

（3）刘宏与石某之间的买卖合同无效，但不影响石某因善意取得获得该音响的所有权。由于刘宏无权处分该音响，造成了赵君的损失，因此刘宏应当赔偿因其无权处分行为造成的赵君的损失。

2. 东凯公司与南华乡签订柑橘收购合同这一行为是双方经济法律关系产生的法律事实。在双方的买卖法律关系中，由于泥石流这一事件导致双方签订的合同无法履行，所以泥石流这一事件是引起双方经济法律关系终止的法律事实。

3.（1）甲要求丙返还电脑的诉讼请求法院不会予以支持。本案中，丙从乙处购买电脑时不知乙为无权处分人，丙支付了合理的价格，而且已经受让了该标的物的占有，该电脑属于法律上允许自由流通之物，乙、丙间的买卖行为没有瑕疵，故丙依善意取得制度取得该电脑的所有权。甲无权向丙进行追索。

（2）甲的损失应该由乙来赔偿。本案中，乙无权处分甲的电脑，乙出卖该电脑的行为，构成了对甲财产的侵害。对此，甲可向乙提出侵权之诉或者违约之诉，要求乙来赔偿，以维护自己的权利。

4.（1）本案中的小型运输车是甲、乙、丙三人合伙财产。由于甲、乙、丙三方约定，各自占有合伙经营的1/3份额，按比例分享利益和承担风险，所以，甲、乙、丙对这台小型运输车属于典型的按份共有。

（2）乙作为合伙财产的共有人有权转让其财产份额。但在其转让时应先通知其他共有人，在同等条件下，其他共有人有优先购买权。而乙在未通知其他共有人的情况下将其财产份额转让是无效的。由于合伙经营的财产会不断损耗，因此，乙转让其财产份额的实际价值亦应在先评估共有财产的价值以后确定。本案在甲、丙放弃优先购买权的条件下，乙的转让行为才是有效的。

（3）合伙经营是在合伙人之间相互了解和信任的基础上，依照合伙合同建立的。丁取得乙的财产份额，并不意味着其必然成为合伙人。甲、丙有权拒绝丁参加合伙经营。在合伙关系继续存在条件下，丁取得的共有财产份额并经甲、丙同意其参加合伙经营，才是有效的。如果甲、丙拒绝丁参加合伙经营，则合伙关系终止，各合伙人按照份额分割共有财产。

（4）根据《物权法》关于共有人在对外关系上规定，甲、乙、丙三人应承担连带债务，均有义务全额赔偿戊的医疗费，任何一人支付了该笔费用后可以向其他人请求承担的部分。具体地说，甲违章造成事故，应按过错程度承担主要责任，丙、丁应承担相应责任。

5.（1）甲出售小狗的行为属于无权代理。

（2）乙有权要求甲、丙赔偿。丙明知甲没有代理权还与其进行买卖，对小狗的购买不是善意取得，损害了乙的合法权益，甲、丙应承担连带赔偿责任。

6.（1）本案中买卖合同中的仲裁条款无效。此案中，甲医院与广州市乙医疗器械公司合同中签订的仲裁条款是双方真实意思表示，其内容还包括仲裁事项，但没有对仲裁委员会进行选定，不符合仲裁法仲裁协议生效要件的规定。

（2）争议发生后，双方签订的仲裁协议有效。仲裁协议对仲裁事项或者仲裁委员会没有约定或者约定不明确的，当事人可以补充协议。补充后的协议，符合仲裁法仲裁协议生效要件的规定。

（3）原告甲医院向法院提起诉讼是不正确的。《仲裁法》规定：当事人达成仲裁协议，一方向法院起诉的，法院不予受理，但仲裁协议无效的除外。本案中，双方当事人重新签订的仲裁协议是有效的。因此，甲医院的起诉是不正确的。

（4）人民法院审理本案是合法的。《仲裁法》规定：当事人达成仲裁协议，一方向法院起诉未声明有仲裁协议，法院受理后；另一方在首次开庭前未对法院受理该案提出异议的，视为放弃仲裁协议，法院应当继续审理。本案中，甲医院向法院起诉时，未声明有仲裁协议，人民法院受理该案后，乙医疗器械公司又应诉答辩了，因此应当视为人民法院有管辖权。

(5) 被告的上诉理由不成立。因为在法院受理该案后，被告未提出异议，且应诉答辩，则人民法院的审理和判决都是有效的。

(6) 被告在法定期限内有权提起上诉，这是当事人的诉讼权利。无论上诉理由是否成立，上诉权均不受影响。

7. (1) 杭州市中级人民法院应当受理娃哈哈集团的起诉，因为原告起诉的条件符合法律规定。首先，被告的不正当竞争行为直接构成了对原告合法权益的侵害；被告主体明确；原告有具体的诉讼请求和事实、理由；此案在杭州地区有重大影响，属于杭州市中级人民法院管辖的第一审民事案件。

(2) 本案中，原告要求被告停止损害原告商业信誉和商品声誉的不正当竞争行为，赔偿直接经济损失和名誉损失，公开赔礼道歉、恢复影响及承担本案诉讼费用等；要求巨人集团承担相应的民事责任。

8. (1) 延付或者拒付租金的诉讼时效期间为一年，自权利人知道或者应当知道权利被侵害时起计算。宋某应支付其余房租的时间为 2011 年 2 月 28 日。因此，杜某应在 2012 年 2 月 28 日之前主张自己的权利，才能有效地保护自己的合法权益。

(2) 杜某向宋某主张权利的诉讼时效期间到 2012 年 2 月 28 日止，但在诉讼时效届满的最后 6 个月内（2012 年 1 月 10 日），杜某忽然患病去世，无法确定继承人，也就无法继续行使其权利。所以，其诉讼时效在 2012 年 1 月 10 日中止，到 5 月 10 日恢复继续计算，则杜某的继承人应在 6 月 30 日之前主张支付房租的权利。

《民法通则》规定，在诉讼时效期间的最后 6 个月内，因不可抗力或者其他障碍不能行使请求权的，诉讼时效中止。从中止时效的原因消除之日起，诉讼时效期间继续计算。

(3) 由于杜某主张权利，宋某答应于 2011 年 7 月 31 日之前支付所欠房租，因此已经经过的诉讼时效期间中断，从 2011 年 8 月 1 日起，诉讼时效期间重新计算，所以杜某的诉讼时效期间从 2011 年 8 月 1 日起到 2012 年 7 月 31 日止。

第二章 公司法

习 题

一、术语解释

1. 公司
2. 有限责任公司
3. 股份有限公司
4. 国有独资公司
5. 一人有限责任公司
6. 发起设立
7. 募集设立
8. 公司债券
9. 公司股票
10. 上市公司

二、单项选择题

1. 甲公司的分公司在其经营范围内以自己的名义对外签订一份货物买卖合同。根据《公司法》的规定，下列关于该合同的效力及其责任承担的表述中，正确的是

（　　）。

A. 该合同有效，其民事责任由甲公司承担

B. 该合同有效，其民事责任由分公司独立承担

C. 该合同有效，其民事责任由分公司承担，甲公司负补充责任

D. 该合同无效，甲公司和分公司均不承担民事责任

2. 根据《公司法》的规定，一人有限责任公司的注册资本最低为人民币（　　）万元。

A. 3　　B. 10

C. 30　　D. 500

3. 根据《公司法》的规定，有限责任公司的注册资本的最低限额为人民币（　　）万元。

A. 5　　B. 3

C. 10　　D. 20

4. 根据《公司法》的规定，有限责任公司股东会的第一次会议的主持人是（　　）。

A. 董事长　　B. 股东会选出的主席

C. 总经理　　D. 出资最多的股东

5. 有限责任公司设董事会的，其成员为（　　），另有规定的除外。

A. 3～13人　　B. 3～9人

C. 5～15人　　D. 5～19人

6. 股份有限公司的注册资本不得低于人民币（　　）。

A. 500万元　　B. 1000万元

C. 6000万元　　D. 3000万元

7. 有限责任公司的股东首次出资额，不得低于注册资本的（　　）。

A. 10%　　B. 15%

C. 20%　　D. 25%

8. 有限责任公司召开股东会议时，应提前通知全体股东的时间是（　　）。

A. 会议召开10日前　　B. 会议召开15日前

C. 会议召开20日前　　D. 会议召开30日前

9. 根据《公司法》的规定，下列人员中可以担任有限责任公司监事的有（　　）。

A. 公司董事　　　　　　　　　　B. 公司股东

C. 公司财务负责人　　　　　　　D. 公司副经理

10. 根据《公司法》的规定，国有独资公司的董事长的产生方式是（　　）。

A. 由董事会选举　　　　　　　　B. 由监事会选举

C. 由国有资产监督管理机构指定　　D. 由公司职工代表大会选举

11. 某有限责任公司的股东甲拟向公司股东以外的人乙转让出资。下列关于甲转让出资的表述中，符合《公司法》规定的是（　　）。

A. 甲可以将其出资转让给乙，无须经其他股东同意

B. 甲可以将其出资转让给乙，但须通知其他股东

C. 甲可以将其出资转让给乙，但须经其他股东的过半数同意

D. 甲可以将其出资转让给乙，但须经其他股东的 2/3 以上同意

12. A、B、C、D、E 五人为某上市公司的董事。董事 A、B、C、D 出席了 2007 年度第一次董事会会议，E 因故未能出席，也未书面委托其他董事代为出席。该次会议通过的一项决议违反法律规定，给该公司造成了严重损失。董事 A 在董事会会议上就该项决议表决时表明了异议，但未将异议记录在董事会会议记录中，根据《公司法》的规定，应当对公司负赔偿责任的是（　　）。

A. 董事 A、B、C、D　　　　　　B. 董事 A、B、C、D、E

C. 董事 B、C、D、E　　　　　　D. 董事 B、C、D

13. 对减少有限责任公司注册资本作出决议的，必须经（　　）。

A. 出席会议的全体股东一致同意

B. 出席会议 2/3 的股东一致同意

C. 代表 2/3 以上表决权的股东通过

D. 代表 1/2 以上表决权的股东通过

14. 股份有限公司董事会中的职工代表，由（　　）选举产生。

A. 股东大会　　　　　　　　　　B. 董事会

C. 职工代表大会　　　　　　　　D. 发起人

15. 设立股份有限公司，应当有（　　）发起人。

A. 5 人以上　　　　　　　　　　B. 5 ~ 20 人

C. 2 ~ 200 人　　　　　　　　　D. 2 ~ 50 人

16. 以募集方式设立股份有限公司的，发起人认购的股份不得少于公司股份总数的

(　　)。

A. 35%　　　　B. 25%

C. 20%　　　　D. 15%

17. 发起人持有的本公司股份，自公司成立之日起（　　）不得转让。

A. 在任职期内　　　　B. 1 年内

C. 上市前　　　　D. 5 年内

18. 以超过票面金额发行股票所得溢价款列入公司（　　）。

A. 利润　　　　B. 注册资本

C. 公积金　　　　D. 资本公积金

19. 股份有限公司的财务会计报告，应在股东大会年会召开（　　）前备置于公司办公处所，供股东查阅。

A. 20 日　　　　B. 30 日

C. 45 日　　　　D. 60 日

20. 公司因其章程规定的经营期限届满等解散事由出现或股东会决议而解散的，应在（　）内成立清算组。

A. 10 日　　　　B. 15 日

C. 60 日　　　　D. 90 日

三、多项选择题

1. 我国《公司法》中所规定的公司有（　　）。

A. 有限责任公司　　　　B. 无限责任公司

C. 两合公司　　　　D. 股份有限公司

2. 公司章程对（　　）具有约束力。

A. 公司　　　　B. 股东

C. 董事　　　　D. 监事、经理

3. 有限责任公司股东的出资方式有（　　）。

A. 货币　　　　B. 劳务

C. 知识产权　　　　D. 土地使用权

4. 股东会对（　　）的决议，必须经代表 2/3 以上表决权的股东通过。

A. 增减注册资本

B. 分立、合并、解散或变更公司形式

C. 修改公司章程

D. 选举公司监事

5. 根据《公司法》的规定，下列有关有限责任公司（不包括一人有限责任公司）出资的表述中，正确的是（　　）。

A. 全体股东的首次出资额不得低于注册资本的30%

B. 全体股东的首次出资额不得低于注册资本的20%

C. 全体股东的货币出资额不得低于注册资本的20%

D. 全体股东的货币出资额不得低于注册资本的30%

6. 甲、乙、丙三个国有企业共同出资设立有限责任公司，根据《公司法》的规定，股东会通过的下列决议中，不符合法律规定的是（　　）。

A. 选举和更换全体董事　　B. 选举和更换全体监事

C. 解聘公司经理　　D. 决定公司的经营方针和投资计划

7. 甲、乙、丙三人共同出资60万元设立了东海岸有限责任公司，其中甲出资30万元、乙出资20万元、丙出资10万元。2010年4月公司成立后，召开了第一次股东会会议。有关这次会议的下列情况中，符合《公司法》规定的有（　　）。

A. 会议由甲召集主持

B. 会议决定不设董事会，由甲担任执行董事

C. 会议决定设一名监事，由丙担任，任期三年

D. 会议决定了公司的经营计划和投资方案

8. 有限责任公司股东会行使的职权有（　　）。

A. 决定公司的经营方针和投资计划

B. 提出公司利润分配方案

C. 修改公司章程

D. 审议批准公司的年度财务预算方案

9. 下列人员中，可以提议召开有限责任公司临时股东会议的有（　　）

A. 董事长　　B. 1/3 以上的董事

C. 监事会　　D. 代表1/10 以上表决权的股东

10. 根据《公司法》的规定，有限责任公司董事会行使的职权有（　　）

A. 决定公司投资方案　　B. 负责召集公司股东会

C. 拟定公司内部管理机构方案　　D. 制订减少注册资本方案

11. 甲、乙、丙共同出资设立了一有限责任公司。一年后，甲欲将其在公司的全部出资转让给丁，乙、丙不同意。下列解决方案中，符合《公司法》规定的有（　　）。

A. 由乙或丙购买甲欲转让给丁的出资

B. 由乙和丙共同购买甲欲转让给丁的出资

C. 乙和丙均不愿意购买，甲无权将出资转让给丁

D. 乙和丙均不愿意购买，甲有权将出资转让给丁

12. 某股份有限公司的董事会由11人组成，其中董事长1人、副董事长1人。该董事会某次会议发生的下列行为中，不符合《公司法》规定的有（　　）。

A. 因董事长不能出席会议，副董事长王某主持该次会议

B. 通过了增加公司注册资本的决议

C. 通过了解聘现任经理，由副董事长王某兼任

D. 会议所有决议事项均载入会议记录后，由主持会议的副董事长王某和记录员签名存档

13. 根据《公司法》的规定，下列人员中不得担任公司监事的有（　　）。

A. 本公司董事　　B. 本公司经理

C. 本公司股东　　D. 本公司财务负责人

14. 下列项目中，属于股份有限公司创立大会职权的有（　　）。

A. 审议发起人关于公司筹办情况的报告

B. 通过公司章程

C. 对公司的设立费用进行审核

D. 决定公司内部管理机构的设置

15. 有限责任公司申请公司设立登记时应报送的文件有（　　）。

A. 公司登记申请书　　B. 验资证明

C. 公司章程　　D. 所有股东的身份证明

16. 股份发行的原则有（　　）。

A. 公平原则

B. 同种类的每一股份应当具有同等权利

C. 公正原则

D. 同次发行的同种类股票每股的发行条件和价格应当相同

17. 股份有限公司有（　　）情况之一时，应当在两个月内召开临时股东大会。

A. 董事人数不足公司法规定的人数或公司章程所定人数的 2/3 时

B. 公司未弥补的亏损达实收股本总额的 1/3 时

C. 持有公司股份 10% 以上的股东请求时

D. 监事会提议召开时

18. 公司的公积金用于（　　）。

A. 弥补公司亏损　　B. 扩大公司生产经营

C. 转增公司资本　　D. 用于本公司职工的集体福利

19. 公司合并可采取（　　）。

A. 发起合并　　B. 存续合并

C. 吸收合并　　D. 新设合并

20. 公司解散的原因有（　　）。

A. 公司章程规定的营业期限届满　　B. 股东会决议解散

C. 因合并或分立需要解散的　　D. 违反法律法规被责令关闭

四、判断题

1. 公司股东以其出资额或所持股份为限对公司承担责任，公司以其全部资产对公司债务承担责任。（　　）

2. 公司可以设立分公司和子公司，子公司不具备企业法人资格，分公司具有企业法人资格。（　　）

3. 公司股东滥用公司法人独立地位和股东有限责任，逃避债务，严重损害公司债权人利益的，应当对公司债务承担连带责任。（　　）

4. 股份有限公司董事会的决议必须经过出席会议的董事过半数通过。（　　）

5. 甲公司的董事王某经董事会同意，为乙公司经营与甲公司同类的业务，不违反《公司法》的规定。（　　）

6. 股东会的首次会议由人民法院召集和主持。（　　）

7. 董事长因特殊原因不能履行职务的，由董事长指定的人代理主持工作。（　　）

8. 代表 1/3 以上表决权的股东、1/4 以上的董事或监事，可提议召开临时股东会议。（　　）

9. 有限责任公司董事任期由公司章程规定，但每届任期不得超过 3 年。（　　）

10. 股份有限公司股东较少和规模较小的，可设一名执行董事。（ ）

11. 有限责任公司的经理由股东会聘任或解聘。（ ）

12. 有限责任公司设监事会，成员不得超过3人。（ ）

13. 国有独资公司不设股东会，由国有资产监督管理机构行使股东会职权。（ ）

14. 股东出席股东大会，每一个股东享有一票表决权。（ ）

15. 股票发行的价格可按票面金额发行，也可以按超过或低于票面金额发行。（ ）

16. 股份有限公司创立大会的召开，必须有代表股份总额2/3以上的认股人出席。（ ）

17. 记名债券和无记名债券相同，只需由债券持有人在依法设立的证券交易所将要转让的债券交付给受让人，即发生法律转让效力。（ ）

18. 在发生公司合并时，被合并公司的各方的债权、债务，应当由合并后存续的公司或新设的公司承继。（ ）

五、案例分析题

1. 某食品公司与某农科所共同设立从事食品生产的有限责任公司甲公司。协议内容为：

（1）公司注册资本为1000万元。其中食品公司以货币出资，金额200万元，另外以某食品商标作价300万元，农科所新型食品加工专利技术出资，该技术作价500万元（有评估机构出具的评估证明）。

（2）公司董事会由5名董事组成，董事长由食品公司推荐，公司的经理、财务负责人由董事长直接任命。

（3）甲公司于2010年4月登记成立，并指派丁某作公司董事长。丁某聘任汪某作为公司经理。食品公司方面的某一董事王某称，有证据证明丁某原是农科所下属公司的承包人，承包期因贪污行为曾受到刑事处罚，2004年3月刑满释放，释放后曾借钱炒股，因被套牢现有大额债务到期，借款仍未还清。另外，汪某原先担任某公司的经理，由于管理水平低下，致使该公司经营困难，该公司于2008年3月宣告破产。根据上述两个理由，董事A认为丁某无权作公司董事长，汪某无权担任公司经理。

（4）食品公司方面另一些董事怀疑公司账目有假，有3人退出董事会，其中一名董事 B 提出，现董事会成员已不足公司章程所定人数的 2/3，应依法召开临时股东会，更换公司领导。

要求：根据上述事实及有关规定，分别回答下列问题：

（1）食品公司与农科所的协议中，有关出资方式、比例及董事长的产生方式是否合法？请说明理由。

（2）丁某是否有资格作董事长？为什么？

（3）汪某是否有资格作公司经理？为什么？

（4）董事 B 的提议是否符合法律规定？

2. 甲股份有限公司（以下简称甲公司）于 2010 年 2 月 1 日召开董事会会议，该次会议召开情况及讨论决议事项如下：

（1）甲公司董事会的 7 名董事中有 6 名出席该次会议。其中，董事谢某因病不能出席会议，电话委托董事李某代为出席会议并行使表决权。

（2）甲公司与乙公司有业务竞争关系，但甲公司总经理胡某于 2008 年下半年擅自为乙公司从事经营活动，损害甲公司的利益，故董事会作出如下决定：解聘公司总经理胡某；将胡某为乙公司从事经营活动所得的收益收归甲公司所有。

（3）为完善公司经营管理制度，董事会会议通过了修改公司章程的决议，并决定从通过之日起执行。

（4）该次董事会会议记录，由出席董事会会议的全体董事和列席会议的监事签名后存档。

要求：根据上述情况和《公司法》的有关规定，回答下列问题：

（1）董事谢某电话委托董事李某代为出席董事会会议并行使表决权的做法是否符合法律规定？简要说明理由。

（2）董事会作出解聘甲公司总经理的决定是否符合法律规定？董事会作出将胡某为乙公司从事经营活动所得的收益收归甲公司所有的决定是否符合法律规定？简要说明理由。

（3）董事会作出修改公司章程的决议是否符合法律规定？

（4）指出本题要点（4）中的不规范之处，并说明理由。

3. A 市三个有限公司甲、乙、丙三方共同作为股东到公司登记机关申请设立有限责任公司丁，丁公司申请注册资本为 100 万元，主要业务为生产学生用课桌和课椅。其中，甲公司以现金出资 10 万元；乙公司提供厂房 300 平方米，经评估作价 60 万元；丙公司系市政府的下属企业，出资10万元现金，同时利用其良好的商业信誉作价20万元，计折合股份总额30万元。甲、乙、丙三方约定公司注册后按照各方出资比例进行分成。

要求：

（1）我国《公司法》规定的公司注册资本具体形式有哪几种？

（2）丙公司能否以其良好的商业信誉作价出资？

（3）有限责任公司能否成立？为什么？

4. 某一大型国有企业，准备募集设立一股份有限公司，经政府批准，又向国务院证券管理部门递交了募股申请，经同意后正式成立了募集小组，着手建立该公司。募集小组依法制定了公司章程，确定股份金额为8000万元，每股1元，共8000万股，并依法制作了招股说明书。该企业作为发起人认购2400万股，是以土地使用权、厂房、专利作价认购的，其他5600万股向社会公开募集。股份发行价为每股1.1元，盈余归发起人所有。该企业同某证券公司签订了承销协议，此后又与银行签订了代收股款协议。在招股说明书指定时间内该公司股款募足，并经验资机构验资，取得验资证明，由于年底事务繁杂，该企业于1个半月后才召开创立大会。

问：公司在设立中有哪些违法行为？

参考解答

一、术语解释

（略）

二、单项选择题

1. A　2. B　3. B　4. D　5. A　6. A
7. C　8. B　9. B　10. C　11. C　12. A
13. C　14. C　15. C　16. A　17. B　18. D
19. A　20. B

三、多项选择题

1. AD 2. ABCD 3. ACD 4. ABC 5. BD 6. ABC
7. ABC 8. ACD 9. BCD 10. ABD 11. ABD 12. BD
13. ABD 14. ABC 15. ABCD 16. ABCD 17. ABCD 18. ABC
19. CD 20. ABCD

四、判断题

1. √ 2. × 3. √ 4. × 5. × 6. ×
7. × 8. × 9. √ 10. × 11. × 12. ×
13. √ 14. × 15. × 16. × 17. × 18. √

五、案例分析题

1. （1）食品公司与农科所的协议中，货币出资低于注册资本的30%，因此不符合《公司法》的规定，应当调整。董事会的组成人数为5人，合法。但董事长的产生方式不正确，不应由一方股东选派，而应当由双方协商产生。经理、财务负责人由董事长任命的做法不正确，应该由董事会聘任。

（2）丁某不具备作董事长的资格。丁某因贪污行为受到刑事处罚，于2004年3月刑满释放，公司于2010年4月成立，刑满释放已超过5年，任职资格不受法律限制。但是，个人所负到期债务数额较大，未予清偿，不符合董事长的任职资格。丁某向朋友借大额债务炒股一直无力偿还，属上述情形。因此，丁某不具备作董事长的资格。

（3）汪某不具备作经理的资格。根据《公司法》的规定，担任因经营管理不善而破产清算的公司、企业的董事或者经理、厂长，并对该公司、企业的破产负有个人责任的，自该公司、企业破产清算完结之日起未逾3年者，不得担任有限责任公司的董事、经理。汪某对某公司的破产负有个人责任，自该公司破产清算还没有超过3年，因此不能担任甲公司的经理。

（4）董事B的主张不正确。股份有限公司董事人数不足法定人数或公司章程所定人数的2/3，应依法召开临时股东大会。而本案设立的公司是有限责任公司，代表1/10以上表决权的股东，1/3以上的董事，或者监事会以及不设监事会的监事才可以提议召开临时股东会。

2. (1) 不符合法律规定。根据规定，股份有限公司召开董事会，董事因故不能出席时，可以书面委托其他董事代为出席，但书面委托书中应载明授权范围。在本题中，董事谢某以电话方式委托董事李某代为出席会议行使表决权，委托方式不合法。

(2) 符合法律规定。根据规定，解聘公司经理属于董事会的职权。

符合法律规定。根据规定，董事、高级管理人员不得未经股东会或股东大会同意，利用职务便利为自己或者他人谋取属于公司的商业机会，自营或者为他人经营与所任职公司同类的业务，否则所得收入归公司所有。

(3) 不符合法律规定。根据规定，股份有限公司修改公司章程应由股东大会决定。

(4) 董事会会议记录存在不妥之处。根据规定，董事会会议记录，应由出席会 议的董事在会议记录上签名，列席董事会会议的监事无须在会议记录上签名，而该公司列席董事会会议的监事在会议记录上签名，是不符合规定的。

3. (1) 货币、知识产权、实物、土地使用权等形式。

(2) 不能。商业信誉不能作为出资。在公司登记时，股东不得以劳务、信用、自然人姓名、商誉、特许经营权或者设定担保的财产等作价出资。

(3) 有限责任公司不能成立。其原因有二：一是商业信誉不能作为出资，出资不够注册资本；二是出资结构不符合规定，货币不够注册资本的30%。

4. (1)《公司法》规定，以募集设立方式设立股份有限公司的，发起人认购的股份不得少于公司股份总数的35%。本案例中，该公司确定股份金额为8000万元，每股1元，共8000万股，那么发起人至少应该认购2800万股才符合规定。但案例中该企业作为发起人只认购了2400万股，其他5600万股向社会公开募集。这显然是不符合规定的。

(2)《公司法》规定，股份有限公司以超过股票票面金额的发行价格发行股份所得的溢价款应当列入公司资本公积金。案例中股份发行价为每股1.1元，盈余归发起人所有不符合规定。

(3)《公司法》规定，发行股份的股款募足后，必须经依法设立的验资机构验资并出具证明。发起人应当自股款缴足之日起30日内主持召开公司创立大会。案例中该公司于股款募足后一个半月才召开创立大会，不符合规定。

第三章 合伙企业法

习　题

一、术语解释

1. 合伙企业
2. 普通合伙企业
3. 有限合伙企业
4. 普通合伙人
5. 有限合伙人
6. 无限连带责任
7. 合伙协议
8. 特殊普通合伙
9. 入伙
10. 退伙

二、单项选择题

1. 下列有关合伙企业的说法正确的是（　　）。

A. 采用合伙制的律师事务所不适用《合伙企业法》的规定

B. 合伙企业的合伙人只能够是自然人

C. 外国个人在中国设立合伙企业的管理办法不用遵循《合伙企业法》的规定

D. 合伙协议依法由全体合伙人协商一致、以书面形式签订

2. 下列对普通合伙企业设立的论述，符合法律规定的是（　　）。

A. 公民张某与自己年仅13周岁的儿子成立一个合伙企业

B. 合伙人必须一次全部缴付出资，不可以约定分期出资

C. 公民甲、乙、丙、丁出资设立一个普通合伙企业，甲可以劳务出资

D. 合伙企业名称中没有标明“普通”或是“有限”字样的话，就视为是普通合伙企业

3. 根据《合伙企业法》的规定，合伙企业的下列事务中，可以不经过全体合伙人一致同意通过的有（　　）。

A. 以合伙企业的名义为他人提供担保。

B. 合伙人之间转让在合伙企业中的部分财产份额

C. 聘任合伙企业以外的人担任合伙企业的经营管理人员

D. 改变合伙企业名称

4. 根据《合伙企业法》的有关规定，合伙人承担合伙企业债务责任的方式是（　　）。

A. 对内对外均承担按份责任

B. 对内对外均承担连带责任

C. 对外承担连带责任，对内承担按份责任

D. 对内承担连带责任，对外承担按份责任

5. 甲、乙、丙拟设立一合伙企业，出资比例为4∶4∶2。合伙协议约定的利润分配和亏损分担的下列表述中，不符合《合伙企业法》规定的是（　　）。

A. 按4∶4∶2 的比例分配损益

B. 在合伙人之间平均分配损益

C. 按3∶3∶4 的比例分配损益

D. 利润按3∶3∶4 的比例分配，亏损由丙承担

6. 下列有关有限合伙企业设立条件的表述中，不符合《合伙企业法》规定的是（　　）。

A. 有限合伙企业至少应当有一个普通合伙人

B. 有限合伙企业中的合伙人一律不得以劳务作为出资

C. 有限合伙人可以用知识产权作价出资

D. 有限合伙企业登记事项中应载明有限合伙人的姓名或名称

7. A 有限合伙企业有三个合伙人，其中甲和乙为有限合伙人、丙为普通合伙人，由丙执行合伙企业事务。某日，甲未经丙同意，代表 A 有限合伙企业与 B 公司签订一份合同，B 公司有理由相信甲为普通合伙人。如果该合同给 A 有限合伙企业造成巨大损失，下列说法正确的是（　　）。

A. 该损失由合伙企业承担

B. 该损失由普通合伙人承担责任

C. 该损失由甲以其对合伙企业的出资额为限承担有限责任

D. 该损失由甲承担与普通合伙人同样的责任

8. 某有限合伙企业于 2009 年 2 月 1 日设立，2009 年 4 月 1 日张某作为有限合伙人入伙，张某认缴的出资额是 10 万元，占出资比例的 10%，此时该有限合伙企业对外有 50 万元的到期债务。如果 2009 年 6 月 1 日该有限合伙企业解散，清算结果是：共有不能清偿到期债务 120 万元。对此，张某应承担的数额是（　　）。

A. 5 万元　　　　B. 10 万元

C. 12 万元　　　　D. 50 万元

9. 甲为有限合伙企业的有限合伙人，经全体合伙人一致同意，甲转为普通合伙人。对其作为有限合伙人期间有限合伙企业发生的债务，甲承担责任的正确表述是（　　）。

A. 以其认缴的出资额为限承担责任

B. 以其实缴的出资额为限承担责任

C. 承担无限连带责任

D. 不承担责任

10. 某普通合伙企业委托合伙人张某单独执行合伙企业事务，张某定期向其他合伙人报告事务执行情况以及合伙企业的经营和财务状况。对于张某在执行合伙企业事务期间产生的亏损，应当承担责任的是（　　）。

A. 张某　　　　B. 张某和有过错的第三人

C. 提议委托张某的合伙人　　　　D. 全体合伙人

11. 关于合伙事务执行中的对外代表权，下列说法错误的是（　　）。

A. 由全体合伙人共同执行合伙企业事务的，全体合伙人都有权对外代表合伙企业

B. 由部分合伙人执行合伙企业事务的，不参加执行合伙企业事务的合伙人则不具有对外代表合伙企业的权利

C. 由于特别授权在单项合伙事务上有执行权的合伙人，依照授权范围可以对外代表合伙企业

D. 取得合伙企业对外代表权的合伙人执行合伙事务所产生的亏损由该合伙人承担

12. 甲为A普通合伙企业的合伙人，因故欠合伙企业以外的乙人民币10万元，无力用个人财产清偿。乙在不满足于用甲从A合伙企业分得的收益偿还其债务的情况下，可以采取的合法行为是（　　）。

A. 代位行使甲在A合伙企业的权利

B. 请求人民法院强制执行甲在A合伙企业的财产份额用于清偿

C. 要求抵销所欠A合伙企业的部分货款

D. 直接变卖甲在A合伙企业的财产份额用于清偿

13. 依照《合伙企业法》的规定，下列情形中，不属于普通合伙人被除名的情形是（　　）。

A. 甲合伙人在执行合伙事务中有贪污合伙企业财产的行为

B. 乙合伙人认缴的出资没有按约定缴付

C. 因重大过失给合伙企业造成损失

D. 个人丧失偿债能力

14. 下列选项中，不属于合伙企业应当解散的情形有（　　）。

A. 全体合伙人决定解散

B. 被依法吊销营业执照

C. 合伙人已不具备法定人数满30天

D. 合伙企业已经连续两年不盈利

三、多项选择题

1. 下列选项中，可以设立普通合伙企业的有（　　）。

A. 1个具有完全民事行为能力的自然人

B. 10个具有完全民事行为能力的自然人

C. 1 个具有完全民事行为能力的自然人和 1 个法人型企业

D. 9 个具有完全民事行为能力的自然人和 1 个不具有完全民事行为能力的自然人

2. 甲、乙、丙准备设立一家普通合伙企业，在其拟定的合伙协议中的下列内容，不符合规定的有（　）。

A. 以劳务出资的甲对企业债务承担有限责任

B. 企业名称中只标明“合伙”字样

C. 由乙执行企业事务

D. 处分合伙企业的共有财产时，必须经全体合伙人的一致同意

3. 根据《合伙企业法》的规定，下列人员中应对合伙企业债务承担连带责任的有（　　）。

A. 合伙企业的全体合伙人

B. 合伙企业债务发生后办理入伙的新合伙人

C. 合伙企业债务发生后办理退伙的退伙人

D. 被聘为合伙企业的经营管理人员

4. 根据《合伙企业法》的规定，在普通合伙企业中，下列各项中不能成为普通合伙人的是（　）

A. 国有独资公司　　B. 国有企业

C. 上市公司　　D. 公益性的事业单位

5. 甲向乙借款 10 万元作为出资与他人以普通合伙企业的形式设立了一家饮料厂。借款到期后，乙要求甲偿还借款，甲个人财产不足以清偿。下列有关偿还借款的方式中，正确的有（　）

A. 甲用从饮料厂分取的收益偿还借款

B. 经全体合伙人同意，甲将自己在饮料厂的财产份额转让给乙，以抵偿借款

C. 甲自行将自己在饮料厂的财产份额出质取得贷款，用于偿还借款

D. 乙请求人民法院强制执行甲在饮料厂的财产份额用于清偿借款

6. 关于特殊的普通合伙企业，下列表述正确的有（　）。

A. 适用于以专业知识和专门技能为客户提供有偿服务的专业服务机构

B. 一个合伙人在执业活动中造成合伙企业债务的，其他合伙人承担有限责任

C. 企业名称中应当标明“特殊普通合伙”字样

D. 应当建立执业风险基金

7. 根据《合伙企业法》的规定，下列有关普通合伙企业的说法错误的是（　　）。

A. 合伙人为自然人的，可以是限制民事行为能力人

B. 利润分配和亏损分担办法是合伙协议应该记载的事项

C. 合伙企业解散清算委托第三人担任清算人的，需要经全体合伙人一致同意

D. 合伙人之间约定的合伙企业亏损的分担比例对合伙人和债权人均有约束力

8. 甲、乙、丙三人投资设立了一家普通合伙企业。后甲在向丁借款时，以其在合伙企业中的财产份额出质，合伙人乙和丙得知后表示反对。对此，下列各项中正确的有（　　）。

A. 甲的出质行为有效

B. 甲的出质行为无效

C. 如果因出质行为无效给丁造成损失，合伙企业应当承担赔偿责任

D. 如果因出质行为无效给丁造成损失，甲应当承担赔偿责任

9. 某普通合伙企业的下列事项中，除合伙协议另有约定外，需要经全体合伙人一致同意的有（　　）。

A. 合伙人甲提议，改变合伙企业的名称

B. 合伙人乙提议，以合伙企业的一处门面房为其他企业提供抵押担保

C. 合伙人丙提议，转让合伙企业的注册商标

D. 合伙人丁提议，聘任合伙人以外的张某担任合伙企业的经营管理人员

10. 甲、乙、丙、丁四人共同出资设立普通合伙企业，委托合伙人丁单独执行企业事务。下列表述中，符合《合伙企业法》规定的有（　　）。

A. 该合伙企业在设立申请时，应当向企业登记机关提交委托丁执行企业事务的委托书

B. 丁对外代表该合伙企业

C. 丁向甲转让丁在该合伙企业中的部分财产份额时，应当通知乙、丙二人

D. 甲、乙、丙无权检查丁执行该合伙企业事务的情况

11. 下列有关普通合伙企业和合伙人进行债务清偿的表述中，符合《合伙企业法》规定的有（　　）。

A. 合伙企业应以其全部财产清偿企业债务

B. 合伙企业不能清偿到期债务的，合伙人对企业债务承担无限连带责任

C. 合伙人的自有财产不足以清偿个人债务的，债权人可自行接管该合伙人在合伙企业中的财产份额用于清偿

D. 合伙人之间约定的亏损分担比例对债权人没有约束力

12. 甲是某普通合伙企业合伙人，因病身亡，其继承人只有乙。关于乙继承甲的合伙财产份额的下列表述中，符合《合伙企业法》规定的有（　　）。

A. 乙可以要求退还甲在合伙企业的财产份额

B. 乙只能要求退还甲在合伙企业的财产份额

C. 乙因继承财产份额而当然成为合伙企业的合伙人

D. 经其他合伙人同意，乙因继承而成为合伙企业的合伙人

13. 根据《合伙企业法》的规定，普通合伙企业的合伙人发生的下列情形中，属于协议退伙的有（　　）。

A. 合伙人未履行出资义务

B. 发生合伙人难以继续参加合伙的事由

C. 合伙人故意给合伙企业造成损失

D. 合伙协议约定的退伙事由出现

14. 下列有关有限合伙人的表述中，符合《合伙企业法》规定的有（　　）。

A. 有限合伙人可以将其在有限合伙企业中的财产份额出质

B. 有限合伙人可以根据合伙协议的约定执行合伙事务

C. 有限合伙人经全体合伙人协商一致可以劳务出资

D. 有限合伙人向合伙人以外的人转让其在有限合伙企业中的财产份额，须通知其他的合伙人

15. 有限合伙人实施的下列行为中，不视为执行合伙企业事务的是（　　）。

A. 参与决定普通合伙人入伙、退伙

B. 获取经审计的有限合伙企业财务会计报告

C. 依法为本企业提供担保

D. 对企业的经营管理提出建议

16. 根据合伙企业法律制度的规定，下列各项中，可以导致合伙企业解散的情形有（　　）。

A. 2/3 合伙人决定解散

B. 合伙人已不具备法定人数满 30 天

C. 合伙企业被依法吊销营业执照

D. 合伙协议约定的合伙目的无法实现

四、判断题

1. 合伙协议自合伙企业的营业执照签发之日起生效。 ( )

2. 甲乙订立书面合伙协议约定：甲以10万元出资，乙以劳务出资；乙执行合伙事务；合伙企业利润由甲乙平均分配，亏损由乙承担。该合伙协议的约定符合《合伙企业法》的规定。 ( )

3. 合伙企业的债权人可以根据自己的清偿利益，请求全体合伙人中的一人或数人承担全部的清偿责任，也可以按照自己确定的比例向各合伙人分别追偿。 ( )

4. 合伙人个人负有债务，其债权人可以代位行使该合伙人在合伙企业中的权利。 ( )

5. 甲向乙借款5万元作为出资与其他2人共同设立了一合伙企业。合伙企业经营期间，乙欠合伙企业货款5万元，乙可以将其对甲的债权抵销对合伙企业的债务。 ( )

6. 合伙人个人财产不足以清偿其个人所负债务的，债权人可以依法请求人民法院强制执行该合伙人在合伙企业中的财产份额。 ( )

7. 合伙企业新入伙的合伙人只对其入伙后的合伙企业债务承担责任。 ( )

8. 有限合伙人应当按照合伙协议的约定按期足额缴纳出资；未按期足额缴纳，应当承担补缴义务，并对其他合伙人承担违约责任。 ( )

9. 第三人有理由相信有限合伙人为普通合伙人并与其交易的，该有限合伙人对该笔交易承担与普通合伙人同样的责任。 ( )

10. 在有限合伙企业中，新入伙的有限合伙人对入伙前有限合伙企业的债务承担无限连带责任。 ( )

11. 有限合伙人转变为普通合伙人的，对其作为有限合伙人期间有限合伙企业发生的债务承担有限责任。 ( )

12. 合伙企业依法被宣告破产的，普通合伙人对合伙企业债务仍应承担无限连带责任。 ( )

五、案例分析题

1. 张甲、王乙、李丙三人共同设立一普通合伙企业，并订立了书面合伙协议，张甲、王乙均在该协议上签字、盖章，而李丙因有事在外地，未在协议上签字、盖章。张甲、王乙积极筹备前期事宜，寻找场地、购买设备，并将该企业命名为“华艺食品有限公司”。

要求：

（1）该合伙企业协议书是否有效？

（2）该合伙企业名称是否合法？

2. 甲、乙、丙、丁四人出资设立A有限合伙企业，其中甲、乙为普通合伙人，丙、丁为有限合伙人。合伙企业存续期间，发生以下事项：

（1）7月，A合伙企业向B银行贷款100万元。

（2）8月，经全体合伙人一致同意，普通合伙人乙转变为有限合伙人，有限合伙人丙转变为普通合伙人。

（3）9月，甲、丁提出退伙。经结算，甲从合伙企业分回10万元，丁从合伙企业分回20万元。

（4）10月，戊、庚新入伙，戊为有限合伙人，庚为普通合伙人。其中，戊、庚的出资均为30万元。

（5）12月，B银行100万元的贷款到期，A合伙企业的全部财产只有45万元。

要求：根据《合伙企业法》的规定，分别回答以下问题：

（1）对于不足的55万元，债权人B银行能否要求合伙人甲清偿全部的55万元？并说明理由。

（2）对于不足的55万元，债权人B银行能否要求合伙人乙清偿全部的55万元？并说明理由。

（3）对于不足的55万元，债权人B银行能否要求合伙人丙清偿全部的55万元？并说明理由。

（4）对于不足的55万元，债权人B银行能否要求合伙人丁清偿全部的55万元？并说明理由。

（5）对于不足的55万元，债权人B银行能否要求合伙人戊清偿全部的55万元？并说明理由。

（6）对于不足的55万元，债权人B银行能否要求合伙人庚清偿全部的55万元？并说明理由。

参考解答

一、术语解释

（略）

二、单项选择题

1. D	2. C	3. B	4. C	5. D	6. B
7. D	8. B	9. C	10. D	11. D	12. B
13. D	14. D				

三、多项选择题

1. BC	2. AB	3. ABC	4. ABCD	5. ABD	6. ACD
7. ACD	8. BD	9. ABCD	10. ABC	11. ABD	12. AD
13. BD	14. AD	15. ABCD	16. BCD		

四、判断题

1. ×	2. ×	3. √	4. ×	5. ×	6. √
7. ×	8. √	9. √	10. ×	11. ×	12. √

五、案例分析题

1.（1）该合伙协议无效，合伙协议自全体合伙人签名、盖章后生效，本案例中合伙人李丙未在协议上签字、盖章，故合伙协议无效。

（2）合伙企业名称不合法，合伙企业的名称必须和“合伙”联系起来，名称中必须有“合伙”两字，普通合伙企业应当在其名称中标明“普通合伙”字样，并且该企业作为合伙企业，名称中不能有“有限”或者“公司”的字样。

2.（1）债权人B银行可以要求合伙人甲清偿全部的55万元。《合伙企业法》规定，普通合伙人对基于其退伙前的原因发生的合伙企业债务，承担无限连带责任。

（2）债权人 B 银行可以要求合伙人乙清偿全部的 55 万元。《合伙企业法》规定，普通合伙人转变为有限合伙人的，对其作为普通合伙人期间合伙企业发生的债务承担无限连带责任。

（3）债权人 B 银行可以要求合伙人丙清偿全部的 55 万元。《合伙企业法》规定，有限合伙人转变为普通合伙人的，对其作为有限合伙人期间有限合伙企业发生的债务承担无限连带责任。

（4）债权人 B 银行不能要求合伙人丁清偿全部的 55 万元。《合伙企业法》规定，有限合伙人退伙后，对基于其退伙前的原因发生的有限合伙企业债务，以其退伙时从有限合伙企业中取回的财产承担责任。本案例中，丁作为有限合伙人以其退伙时从有限合伙企业里分回的 20 万元为限承担有限责任。

（5）债权人 B 银行不能要求合伙人戊清偿全部的 55 万元。《合伙企业法》规定，新入伙的有限合伙人对入伙前有限合伙企业的债务，以其认缴的出资额为限承担责任，本案例中，戊作为新入伙的有限合伙人，以自己认缴的 30 万元出资为限承担有限责任。

（6）债权人 B 银行可以要求合伙人庚清偿全部的 55 万元。《合伙企业法》规定，新入伙的普通合伙人对入伙前合伙企业的债务承担无限连带责任。

第四章 个人独资企业法

习 题

一、术语解释

1. 个人独资企业

2. 个人独资企业的转让

二、单项选择题

1. 甲某准备成立一家个人独资企业，下列律师给的咨询意见中，正确的是（　　）。

A. 个人独资企业对被聘用人员的限制不得对抗善意第三人

B. 个人独资企业依法成立，是独立承担民事责任的企业法人

C. 个人独资企业应依法缴纳企业所得税

D. 个人独资企业的投资人以其投资额为限对个人独资企业债务承担责任

2. 甲是一家个人独资企业的老板，雇有伙计乙管理企业的经营事务，由于经营状况不佳，甲决定解散该企业，则（　　）。

A. 个人独资企业解散，应由甲、乙两人共同清算

B. 个人独资企业解散后，原投资人对个人独资企业存续期间的债务仍应承担偿

还责任，但债权人在五年内未向债务人提出偿债请求的，该责任消灭

C. 个人独资企业解散的，财产应优先清偿所欠税款，再清偿所欠职工工资和社会保险费用，最后才是其他债务

D. 个人独资企业财产不足以清偿债务的，甲和乙应当以其个人的其他财产予以清偿

3. 下列关于个人独资企业的表述中正确的是（　　）。

A. 个人独资企业的投资人可以是自然人、法人或者其他组织

B. 个人独资企业的投资人对企业债务承担无限责任

C. 个人独资企业不能以自己的名义从事民事活动

D. 个人独资企业具有法人资格

4. 下列关于个人独资企业设立条件的表述中，符合《个人独资企业法》规定的是（　　）。

A. 投资人可以是中国公民，也可以是外国公民

B. 投资人只能以个人财产出资

C. 有合法的企业名称

D. 企业可以不设固定的生产经营场所

5. 孙某在某城市 A 区成立了一家经营水果的个人独资企业，由于生意红火，决定在 B 区设立一家分支机构，则孙某应该（　　）。

A. 自己或委托代理人向 A 区登记机关申请登记，领取分支机构的营业执照，分支机构经核准登记后，应将登记情况报 B 区登记机关备案

B. 自己或委托代理人向 B 区登记机关申请登记，领取分支机构的营业执照，分支机构经核准登记后，应将登记情况报 A 区登记机关备案

C. 自己或委托代理人向 B 区登记机关申请备案，不用再领取分支机构的营业执照

D. 自己或委托代理人分别向 A 区和 B 区登记机关申请备案，不用再领取分支机构的营业执照

6. 下列情形中，不属于个人独资企业应当解散的原因的是（　　）。

A. 达到了破产界限，具备了破产原因

B. 投资人决定解散

C. 投资人死亡或者被宣告死亡，无继承人或者继承人放弃继承

D. 被依法吊销营业执照

7. 甲是某个人独资企业的投资人，其聘用乙管理企业事务，同乙约定：凡乙对外签订标的额超过5万元的合同，须经甲同意。某日，乙未经甲同意与善意第三人丙签订了一份标的额为8万元的买卖合同。下列关于该合同效力的表述中正确的有（　　）。

A. 合同无效，但如果给甲造成损害，由乙承担民事赔偿责任

B. 合同无效，经甲追认后有效

C. 合同为可撤销合同，可请求人民法院予以撤销

D. 合同有效，但如果给甲造成损害，由乙承担民事赔偿责任

8. 根据《个人独资企业法》的规定，个人独资企业解散后，原投资人对个人独资企业存续期间的债务仍应当承担偿还责任，但债权人在一定期间内未向债务人提出偿债要求的，该责任消灭。该期间是（　　）。

A. 6个月　　B. 1年

C. 3年　　D. 5年

三、多项选择题

1. 根据《个人独资企业法》的规定，下列各项中可以作为个人独资企业出资的有（　　）。

A. 投资人的知识产权　　B. 投资人的劳务

C. 投资人的土地使用权　　D. 投资人的货币

2. 在下列各项中，有关个人独资企业特征的表述中不正确的有（　　）。

A. 个人独资企业的投资人以自己的出资为限对企业债务承担有限责任

B. 个人独资企业是非法人企业，无独立承担民事责任的能力

C. 个人独资企业是非法人企业，无独立的民事主体资格

D. 个人独资企业的投资人可以是中国公民，也可以是外国公民

3. 个人独资企业投资人申请设立独资企业，须向登记机关提交设立申请书。设立申请书包括的主要事项有（　　）。

A. 企业的名称和住所　　B. 投资人的姓名和居所

C. 投资人的出资额和出资方式　　D. 经营范围及方式

4. 根据《个人独资企业法》的规定，在下列情形中，个人独资企业应当解散的有（　　）。

A. 投资人决定解散

B. 个人独资企业被依法吊销营业执照

C. 投资人死亡无继承人

D. 投资人被依法宣告死亡，继承人放弃继承

5. 以个人财产出资设立的个人独资企业解散后，其财产不足以清偿所负债务，对尚未清偿的债务，（　　）处理方式违反《个人独资企业法》的规定。

A. 不再清偿

B. 以投资人家庭共有财产承担无限责任

C. 以投资人个人的其他财产予以清偿，仍不足以清偿的，如果债权人在2年内未提出偿债要求的，则不再清偿

D. 以投资人个人的其他财产予以清偿，仍不足以清偿的，如果债权人在5年内未提出偿债要求的，则不再清偿

6. 好运来服装厂是一家由钱某设立的个人独资企业，由于经营不善，面临债权人李某追债，李某要求钱某要么还钱，要么解散进行清算，但钱某迟迟不归还欠款，也不进行清算。此时，李某可以（　　）。

A. 李某可以申请人民法院指定清算人进行清算

B. 若法院指定清算人，李某应当在接到通知之日起30日内，未接到通知的应当在公告之日起60日内，向钱某申报其债权

C. 个人独资企业解散后，钱某对个人独资企业存续期间的债务仍应承担偿还责任，但李某在5年内未向钱某提出偿债请求的，该责任消灭

D. 个人独资企业财产不足以清偿债务的，李某可以要求钱某以其个人的其他财产予以清偿

四、判断题

1. 个人独资企业不具备法人资格，也没有独立承担民事责任的能力。（　　）

2. 个人独资企业解散后，其财产不足以清偿债务的，投资人应当以其个人的其他财产予以清偿，仍不足以清偿的，应以家庭共有财产对企业债务承担无限责任。

（　　）

3. 投资人在设立个人独资企业登记申请书上没有注明是以个人财产出资还是以家庭共有财产出资的，应以家庭共有财产对企业债务承担无限责任。（　　）

4. 某个人独资企业投资人聘用甲管理企业事务，在个人独资企业经营中，甲有权决定将该企业的商标有偿转让给他人使用。 ( )

5. 个人独资企业的投资人委托或者聘用的经营管理人员可以从事与该企业相竞争的业务。 ( )

6. 个人独资企业的投资人委托或者聘用的经营管理人员未经投资人同意，不得同本企业订立合同或者进行交易。 ( )

五、案例分析题

1. 张小涛为下岗工人，决定成立个人独资企业，在筹备企业设立事宜中作出了以下规划，其中那些违反《个人独资企业法》的法律规定?

(1) 如自己财力不足以让同学王某也加入成为企业业主。

(2) 企业的名称为“大鹏有限公司”。

(3) 向企业出资10万元，企业负债后不再以自己的其他财产清偿。

(4) 如企业成立后经营不善，则尽快解散企业并不再对企业存续期间的债务承担责任。

2. 甲设立了个人独资企业“A企业”，登记时明确以其个人财产5万元作为投资人甲的出资。甲聘请乙管理企业事务，同时规定，凡乙对外签订标的额超过1万元以上的合同，必须经甲同意。2011年2月10日，乙未经甲同意，以A企业的名义向善意第三人丙购入价值2万元的货物。2011年7月4日，A企业亏损，不能支付到期丁的债务，甲决定解散该企业，进行清算。经查，A企业和甲的资产及债务债权情况如下：①A企业欠交税款3000元，欠乙工资5000元，欠王刚10万元；②A企业的银行存款1万元，实物折价8万元；③甲个人其他可执行的财产价值2万元；④甲仍与父母生活在一起，其父母有存款10万元。根据案情分析：

(1) 乙于2月10日以A企业名义向丙购买价值2万元货物的行为是否有效？为什么?

(2) 2011年5月，该企业急需设备。乙自行做主将自己的一套二手设备以1万元的价格卖给该企业。使用不到2个月，该设备报废，致使A企业不能履行对丁某的合同，并承担了违约金5000元。如何处理?

(3) 如何满足王刚的债权请求？甲是否因清算完成而免责?

(4) 王刚是否可以要求甲的父母偿还债务?

参考解答

一、术语解释

（略）

二、单项选择题

1. A 2. B 3. B 4. C 5. B 6. A
7. D 8. D

三、多项选择题

1. ACD 2. ACD 3. ABCD 4. ABCD 5. ABC 6. ABCD

四、判断题

1. √ 2. × 3. × 4. × 5. × 6. √

五、案例分析题

1. （1）不符合。个人独资企业只能有一个投资人。

（2）不符合。个人独资企业的名称不能有“有限”或者“公司”的字样。

（3）不符合。个人独资企业对企业债务承担无限责任。

（4）不符合。个人独资企业的投资人在企业解散后，对企业存续期间的债务仍应承担偿还责任。

2. （1）有效。投资人对受托人或者被聘用的人员职权的限制，不得对抗善意第三人。

（2）乙应承担赔偿责任。个人独资企业的受托管理人未经投资人同意，不得与本企业订立合同或进行交易，因此而致企业财产、名誉受损失的，要承担损失赔偿责任。

（3）A 企业的银行存款加实物共9万元，先付乙的工资，再缴付税款，剩余82 000

元，可以用来满足王刚的债权，A企业以企业的全部财产承担责任后，还有债务18 000元甲不能因清算完成而免责，对于不足以偿还的部分应以个人财产继续承担无限责任，所以应用甲个人其他可执行的财产来偿还。

（4）不行。投资者以其全部“个人财产”对企业债务承担无限责任。

第五章
合同法律制度

习　　题

一、术语解释

1. 合同
2. 要约
3. 承诺
4. 格式条款
5. 缔约过失责任
6. 先行抗辩权（不安抗辩权）
7. 代位权
8. 撤销权
9. 合同解除
10. 提存
11. 违约责任
12. 不可抗力

二、单项选择题

1. 下列不能导致合同成立的是（　　）。

A. 承诺由受要约人向要约人作出

B. 承诺在规定的期限内到达要约人

C. 承诺更改了要约的实质内容

D. 承诺的方式符合要约的要求

2. 甲公司通过电视发布广告，称其有 100 辆某型号汽车，每辆价格 15 万元，广告有效期为 10 天。乙公司与该则广告发布后第 5 天自带汇票去甲公司买车，但此时车已全部售完，无货可供。下列（　　）是正确的。

A. 甲构成违约　　B. 甲应承担缔约过失责任

C. 甲应承担侵权责任　　D. 甲不应承担民事责任

3. 杜某上班途中拾得一个皮包，内装提货单、现金等财物。杜某在现场等候了一会儿，未见失主，就携包上班。次日杜某见到报纸上登了一则启事。写明“如有拾得者，酬谢 2000 元”。杜某见失主所寻找的正是自己拾得的皮包，便将皮包返还失主。但在杜某向失主请求酬金时，被失主拒绝。杜某应当（　　）。

A. 无偿归还拾得物。因为我国法律未规定拾得人有获得报酬的权利

B. 无偿归还拾得物，有权要求失主偿还因此而支出的费用，但无权获得报酬

C. 归还拾得物，有权要求失主给予报酬

D. 归还拾得物，有权要求失主支付 2000 元的酬金

4. A 公司以信件的方式向 B 公司发出出售水泥的要约，但要约发出后因市场价格上涨，在还未收到承诺的情况下，A 公司向 B 公司发出传真撤回该要约，但 B 公司的承诺通知已发出，预计 2 天后到达 A 公司，则（　　）。

A. 该要约撤回无效，如换为要约撤销，则有效

B. 该要约撤回无效，如换为要约撤销也无效

C. 该要约撤回有效，如换为要约撤销无效

D. 该要约撤回有效，如换为要约撤销也无效

5. A 水泥厂与 B 建筑公司签订 1000 吨水泥销售合同，双方约定合同经过公证后方为有效。合同中同时规定了定金条款，由 B 公司交付给 A 厂 5% 的货款作为定金。但后来该合同未经公证，B 公司即交付了定金，A 厂也收受了定金。A 厂在合同规定的期

限无法交付1000吨水泥，B公司要求A厂双倍返还定金。下列判断中，（　　）是正确的。

A. A厂与B公司的水泥销售合同无效，A厂无须双倍返还定金

B. A厂与B公司的水泥销售合同无效，A厂应双倍返还定金

C. A厂与B公司的水泥销售合同有效，A厂应双倍返还定金

D. A厂与B公司的水泥销售合同有效，A厂无须双倍返还定金

6. 甲公司与乙公司签订了购买10辆汽车的合同。就在乙公司将汽车交付甲公司时，被工商行政管理部门查出该批汽车是走私物品而予以查封。根据《合同法》关于合同效力的规定，该买卖汽车合同属于（　　）。

A. 有效合同　　　　B. 无效合同

C. 可撤销合同　　　　D. 效力待定合同

7. 下列合同中，（　　）合同是可变更或可撤销的合同。

A. 一方以欺诈、胁迫的手段订立合同，损害国家利益的

B. 以合法活动掩盖非法目的的

C. 因重大误解而订立的

D. 损害社会公共利益的

8. 甲因住院急需手术费，向乙借钱。乙表示甲必须将住房卖给乙，才借钱给甲。甲无奈同意，与乙签订了卖房协议。以下说法正确的是（　　）。

A. 甲与乙的借款合同是附条件的有效合同

B. 甲与乙的借款合同因乙的乘人之危而无效

C. 甲与乙的房屋买卖合同因是双方真实意思的表示而有效

D. 甲与乙的房屋买卖合同因乙的乘人之危而属于可撤销的合同

9. 对于下列合同中订有的免责条款，根据《合同法》的规定，应当认为无效的是（　　）。

A. 某企业与职工签订的劳动合同中载有："发生工伤，一切自负"的条款

B. 某饭店在入门处写出醒目的标志："小心台阶，防止摔倒"

C. 某市地铁入口处写明："儿童乘车需有成人陪护，否则意外自理"

D. 某医院手术通知书上写明："经患者本人或者家属同意，手术中的意外风险由患者承担"

10. 北京的A公司与上海的B公司于2012年4月1日在深圳签订了一份不动产转

让合同，根据合同约定，A 公司以 2000 万元的价格将位于广州的不动产转让给 B 公司，双方未约定合同的履行地点。根据《合同法》的规定，该合同应当在（　　）履行。

A. 北京市　　　　B. 上海市

C. 深圳市　　　　D. 广州市

11. 下列选项中，债权人可以行使代位权保全自己债权的是（　　）。

A. 甲欠乙 10 万元，但无力偿还；丙欠甲 10 万元工资，但甲不及时请求支付

B. 甲欠乙 10 万元，但无力偿还；丙欠甲 15 万元，但尚未到期

C. 甲欠乙 10 万元，但不愿偿还；丙欠甲已到期的 10 万元，甲催要但丙一直拖欠不给

D. 甲欠乙 10 万元，但无力偿还；丙欠甲 12 万元，但甲不及时请求支付此到期债权

12. 周某与林某协议离婚时约定，孩子归女方林某抚养，周某每年给付 5000 元抚养费。离婚后，因林某将孩子由姓周改姓林，周某就停止给付抚养费。因这一年年景不好，周某就将卖粮仅得的 5000 元捐献给了希望工程，自己出去打工了。林某能请求法院撤销该赠与吗？（　　）

A. 不能。因为赠与物已经交付

B. 不能。因为是公益性捐赠

C. 不能。因为周某处分的是自己的合法财产

D. 能。因为周某逃避法定义务进行赠与

13. 甲乘乙之危提出不合理条件与乙订立合同，随后甲将其合同债权转让给丙，则（　　）。

A. 乙仍可撤销合同

B. 甲构成不当得利，应向乙返还其不当获得的利益

C. 乙、丙可以共同向甲请求赔偿损失

D. 乙可以向甲请求赔偿因其向丙履行而遭受的损失

14. 甲公司与乙公司签订买卖合同。合同约定甲公司先交货。交货前夕，甲公司派人调查乙公司的偿债能力，有确切材料证明乙公司负债累累，根本不能按时支付货款。甲公司决定暂时不向乙公司交货。甲公司的行为是（　　）。

A. 违约行为　　　　B. 行使同时履行抗辩权

C. 行使后履行抗辩权　　　　　　　　D. 行使不安抗辩权

15. 债权人胡某下落不明，债务人沙某难以履行债务，遂将标的物提存。沙某将标的物提存后，该标的物如果意外毁损、灭失，其损失应由（　　）承担。

A. 应由胡某承担　　　　　　　　　　B. 应由沙某承担

C. 应由胡某与沙某共同承担　　　　　D. 应由提存机关承担

16. 甲公司对外负债200万元，另有50万元的货款未予追回（欠款人为丁公司）。2011年3月，甲公司经全体股东同意分立为乙、丙两个公司，由乙承受原甲公司的全部债权债务，并办理变更登记与公告。同年4月，乙、丙公司签订一协议，约定原由甲公司对丁公司的50万元债权由丙享有。同年5月，丙向法院起诉丁要求归还50万元货款，有关该案的正确表述是（　　）。

A. 乙丙之间的协议有效，丁应向丙偿还50万元货款

B. 乙丙之间的协议无效，丙无权向丁追索货款

C. 乙丙之间的协议有效，但不得对抗善意第三人，故丙无权向丁追索货款

D. 乙丙之间的协议有效，但丁有权选择向乙或丙履行义务

17. 合同的解除是以下列（　　）条件为前提的。

A. 合同具有严重欠缺的有效条件　　　B. 合同在订立时显失公平

C. 合同有效且以完全履行　　　　　　D. 合同有效且尚未完全履行

18. 甲与乙订立了一份苹果购销合同，约定：甲向乙交付20万千克苹果，货款为40万元，乙向甲支付定金4万元；如任何一方不履行合同，应支付违约金6万元。甲因将苹果卖予丙而无法向乙交付苹果，乙提出的如下诉讼请求中，既能最大限度地保护自己的利益，又能获得法院支持的诉讼请求是（　　）。

A. 请求甲双倍返还定金8万元

B. 请求甲双倍返还定金8万元，同时请求甲支付违约金6万元

C. 请求甲支付违约金6万元，同时请求返还支付的定金4万元

D. 请求甲支付违约金6万元

19. 甲、乙之间有一个买卖合同，在甲尚未交付标的物之前，该标的物被丙损毁，甲不能向乙履行交付义务，此时应由（　　）承担违约责任。

A. 甲　　　　　　　　　　　　　　　B. 丙

C. 甲和丙　　　　　　　　　　　　　D. 由乙来选择

20. 甲与乙订有合同，按合同约定，甲向乙交付定金为5万元，合同中规定的违约

金为6万元，由于乙违约，给甲造成了8万元的损失，则乙最多应向甲偿付（　　）万元。

A. 8　　B. 19

C. 13　　D. 14

21. 甲公司从乙农场购入10头种牛，乙农场违约，将部分带有传染病的种牛交付给甲公司，致使甲公司所饲养的其他奶牛大量患病造成财产损失。对此，甲公司要求乙农场承担责任的方式是（　　）。

A. 只能要求乙农场承担违约责任

B. 只能要求乙农场承担侵权责任

C. 要求乙农场既承担违约责任，又承担侵权责任

D. 在违约责任或侵权责任中选择其一要求乙农场承担

22. 甲公司与乙公司订立一货物买卖合同，约定合同自签订之日2012年7月1日起生效，其中定金条款规定甲自合同生效次日起一星期内交付定金，后甲因资金周转不便到7月10日才支付定金。下列日期（　　）是定金条款的生效日期。

A. 7月1日　　B. 7月2日

C. 7月7日　　D. 7月10日

23. 甲公司向乙公司借款150万元，乙公司要求甲公司提供抵押，甲公司遂以本公司的豪华轿车进行抵押，并办理了抵押登记。该轿车价值100万元。乙公司还不放心，要求甲公司提供保证人，甲公司逐找丙公司作为保证人。保证担保未约定范围。有关保证人的保证责任论述正确的是（　　）。

A. 丙公司对150万元主债权承担保证责任

B. 丙公司对100万元主债权承担保证责任

C. 丙公司对50万元主债权承担保证责任

D. 丙公司无需承担保证责任

24. 甲公司持其所拥有的乙上市公司依法可转让股票到银行做贷款担保，这种担保方式是（　　）。

A. 保证　　B. 质押

C. 抵押　　D. 留置

三、多项选择题

1. 下列属于要约邀请的是（　　）。

A. 某公司的投标　　　　　　　　　　B. 某大型超市寄送的价目表

C. 某上市公司的招股说明书　　　　　D. 拍卖公司的拍卖公告

E. 某人在报纸上刊登的重金寻找失踪仪器的悬赏广告

2. 金马学校欲组建电教室，分别向几个计算机商发函，称“我校急需计算机 50 台，如你公司有货，请速告知”。华夏公司第二日即派人将计算机 50 台送到学校，而金马学校此时已决定购买另一个计算机商的计算机，故拒绝接受华夏公司的计算机，由此发生纠纷。关于本案的下列表述中，正确的有（　　）。

A. 金马学校的发函属于要约邀请

B. 金马学校的发函属于要约

C. 金马学校拒绝华夏公司计算机属于违约行为

D. 金马学校拒绝接受华夏公司计算机不属于违约行为

3. 下列属于缔约过失责任的是（　　）。

A. 使用商业秘密　　　　　　　　　　B. 假借订立合同，恶意进行磋商

C. 提供与订约有关的虚假情况　　　　D. 其他违背诚实信用原则的行为

E. 没有遵守合同约定及时付款

4. A 市甲厂与 B 市乙厂签订了一份买卖合同，约定由甲厂供应乙厂钢材 10 吨，乙厂支付货款 3 万元。但合同对付款地点和交货地点未约定，双方为此发生纠纷，付款地点和交货地点应为（　　）。

A. 付款地点为 A 市　　　　　　　　B. 交货地点为 A 市

C. 付款地点为 B 市　　　　　　　　D. 交货地点为 B 市

E. 付款地点和交货地点由乙厂确定

5. 甲公司向乙公司订购涂料一批。乙公司在订立的同时，将国产涂料谎称为进口涂料。甲公司事后得知实情，适逢国产涂料畅销。甲公司有意履行合同，乙公司则希望将这批货物以更高的价格售予他人。此时，当事人的下列行为，对合同效力将产生的影响是（　　）。

A. 甲公司向乙公司催告交货，则合同成为确定的有效

B. 甲公司向乙公司预付货款，则合同成为确定的有效

C. 甲公司向乙公司送交确认合同有效的通知，则合同成为确定的有效

D. 乙公司以合同订立存在欺诈为由主张撤销，则合同失去约束力

E. 甲公司以合同订立存在欺诈为由主张撤销，则合同失去约束力

6. 下列由当事人订立的合同中，属于无效合同的是（　　）。

A. 甲与某代理人串通，以合同的形式骗得被代理人的款项 6 万元

B. 学生某乙自作主张从家中取款 3 万元，购买同学的一台笔记本电脑

C. 某丙在交通事故中将他人撞伤，并经威胁订立一纸协议，受害人不得向某丙索赔

D. 开发商丁通过贿赂政府负责人与该政府订立一份土地使用权出让合同，使国家遭受重大损失

7. 甲、乙两家公司依法签订了一份买卖合同，该合同执行国家定价，甲公司逾期提货或逾期付款的情况下，该产品的价格（　　）。

A. 遇有价格上涨时，按原价格执行

B. 遇有价格上涨时，按新价格执行

C. 遇有价格下降时，按新价格执行

D. 遇有价格下降时，按原价格执行

E. 无论价格上涨还是下降，都要经双方协商确定

8. 在（　　）情况下，第三人才能成为合同债务的履行人。

A. 合同当事人约定　　B. 债务人同意

C. 债权人同意　　D. 履行通知义务

E. 法律有特别规定

9. 合同规定甲公司应当在 8 月 30 日向乙公司交付一批货物。8 月中旬，甲公司把货物运送到乙公司。此时乙公司有权（　　）。

A. 拒绝接受货物

B. 不接受货物并要求对方承担违约责任

C. 接收货物并要求对方承担违约责任

D. 接收货物并要求对方支付增加的费用

10. 甲公司欠乙公司 30 万元，一直无力偿付，现丙公司欠甲公司 20 万元，已到期，但甲公司明示放弃对丙的债权。对甲公司的这一行为，乙公司可以采取以下（　　）措施。

A. 行使代位权，要求丙偿还 20 万元

B. 请求人民法院撤销甲放弃债权的行为

C. 乙行使权利的必要费用可向甲主张

D. 乙行使权利的必要费用只能自己承担

E. 乙应在知道或应当知道甲放弃债权 1 年内行使权利

11. 债权人不可以代为行使债务人的（　）。

A. 遗产继承权　　B. 抚养请求权

C. 劳动收入请求权　　D. 财产请求权

E. 救济金请求权

12. 下列（　　）合同的转让是不合法的。

A. 甲公司与韩国乙公司举办中外合资企业，合资合同经过审批机关批准后，甲公司未经乙公司同意将合同权利义务转让给丙公司

B. 甲教授曾答应为乙校讲课，但因讲课当天临时有急事，便让自己的博士生代为授课

C. 债权人李某因急需用钱便将债务人杨某欠自己的 2 万元债权以 1.5 万元的价格转让给了刘某，李某将此事打电话通知了杨某

D. 丁对丙的房屋享有抵押权，为替好友从银行借款提供担保，将该抵押权转让给了银行

13. 甲公司欠乙公司 20 万元材料款尚未到期，现乙公司从甲公司进了一批价值 20 万元的货物，双方约定货到后 10 日内付款，此时正值付款期间。甲公司与乙公司的互负债务可以（　）。

A. 因种类数量相同而发生抵销

B. 因一方的履行期限尚未到期不能发生抵销

C. 经双方协商一致可以抵销

D. 由法院确定是否可以抵销

14. 下列关于合同解除的说法中，（　）是正确的。

A. 合同解除应存在有效合同并且合同尚未完全履行

B. 合同解除应存在有效合同但与合同履行与否无关

C. 合同解除应具备合同解除的条件

D. 合同解除应有解除合同的行为

E. 合同解除具有溯及力

15. 下列情形中，属于违约的有（　）。

A. 甲因梅雨季节而不能按货物运输协议约定的时间到达

B. 甲将原客户乙以前所承运的货物名称、数量等信息告知乙的竞争对手丙，给乙造成了严重损失

C. 甲、乙订立货运协议后，承运人甲于履行期限届满前声称不能按约履行

D. 甲无相应的资质就签订了一项工程建设施工合同

16. 关于违约金的叙述，下列说法正确的是（　　）。

A. 支付违约金就免除了违约方的相关义务

B. 违约金可以替代损害赔偿金

C. 违约金的支付以实际发生的损害为前提

D. 违约金必须与实际损失相当

E. 约定的违约金过高或过低，可以请求法院干涉

17. 根据《合同法》的规定，当事人一方因不可抗力的原因不能履行合同规定的义务时，只有在（　）的情况下，才可部分或全部免除违约责任。

A. 及时向对方通报不能履行或需要延期履行、部分履行的理由

B. 经对方当事人同意

C. 经上级主管部门批准

D. 在合理期限内提供证明

18. 下列各项中，符合留置权适用条件的有（　　）。

A. 租赁合同中，出租人因未履行租赁维修义务，而承租人自行维修所支付费用无法得到清偿时，承租人对租赁物享有留置权

B. 定作人未向承揽人支付报酬的，承揽人对完成的工作成果可以享有留置权

C. 寄存人未按照合同约定支付保管费的，保管人对保管物享有留置权

D. 甲企业向乙银行申请流动资金贷款100万元，并以自己拥有的一批价值为150万元的材料设定为担保物，银行享有对此担保物的留置权

四、判断题

1. 我国《合同法》中所称的合同，其调整对象为所有民事合同。（　　）

2. 合同订立的要约人发出要约后，在约定的期限届满之前，对方没有答复的，无论什么要约，要约人均可撤销。（　　）

3. 合同成立的时间必须是双方当事人签字或者盖章的时间。（　　）

4. 对格式条款有两种以上解释的，应当作出不利于提供格式条款一方的解释，格

式条款与非格式条款不一致的，应当采用非格式条款。（　）

5. 当事人在订立合同过程中知悉的商业秘密，在合同成立前，不得泄露或者不正当地使用；在合同成立后，不受此规定的限制。（　）

6. 甲与A房地产公司签订了一份商品房预售合同，后因市场房价上涨，A房地产公司要求预售的商品房价格也相应上涨，甲不从。A房地产公司遂以该合同未按有关规定办理登记备案手续为由，请求人民法院确认合同无效。A房地产公司的这一要求将不会得到人民法院的支持。（　）

7. 限制民事行为能力人订立的纯获利的合同，不必经法定代理人追认也是有效合同。（　）

8. 一方当事人利用对方没有经验，在订立合同时致使双方的权利与义务明显不公平，另一方当事人也可以向人民法院申请撤销该合同。（　）

9. 对可撤销合同，具有撤销权的当事人如果自合同签订之日起5年内没有行使撤销权，撤销权消灭。（　）

10. 当事人互负债务的，合同标的物的种类、品质不相同的，不能抵销。（　）

11. 当事人一方违约后，对方没有采取适当措施致使损失扩大的，不得就扩大的损失要求赔偿。（　）

12. 违约的损失赔偿额应当相当于因违约所造成的损失，如果没有造成损失，则不用支付违约金。（　）

13. 当事人延迟履行合同后发生不可抗力而造成不能履行合同的，可根据不可抗力的影响，部分或全部免除责任。（　）

14. 委托物不能卖出，经行纪人催告，委托人无正当理由拒绝受领的，这种情况符合提存的条件，行纪人可以提存委托物。（　）

五、案例分析题

1. 审查下列合同，提出修改意见：

某服装厂与某服务公司签订一份服装合同，其文本如下：

供货合同

卖方：某服装厂

买方：某服务公司

（1）卖方为买方生产200件工作服，买方向卖方提供所需布料××米。

（2）卖方于2012年5月20日自备车辆将成品送到买方，双方在到达地验收，运费由买方负担。

（3）买方向卖方支付货款××元，货到付款。

（4）本合同自双方签字、盖章之日起生效。一式两份，双方各持一份。

卖方：某服装厂（章）

买方：某服务公司生产部（章）

2012年4月11日

2. 小张大学毕业后打算在运输行业自主创业，经过考察市场后，决定和万里车行订立一份买卖二手汽车的合同，约定由万里车行在6月底将一部行使4万千米的卡车交付给小张，价款3万元，小张交付定金5000元，交车15日内余款付清。合同还约定，万里车行晚交车一天，扣除车款50元，小张晚交款一天，应多交车款50元；一方有其他违约情形，应向对方支付违约金6000元。合同订立后，该卡车因外出运货耽误，未能在6月底以前返回。7月1日，卡车在途经山路时，因遇泥石流，被一块落下的石头砸中，车头受损，万里车行对卡车进行了修理，于7月10日交付给小张。10天后，小张在运货中发现卡车发动机有毛病。经检查，该发动机经过大修理，遂请求退还卡车，并要求万里车行双倍返还定金，支付6000元违约金，赔偿因其不能履行对第三人的运输合同而造成的经营收入损失3000元。万里车行意识到对自己不利，即提出汽车未办理过户手续，合同无效，双方只需返还财产。现请回答下列问题：

（1）汽车买卖合同是否有效？

（2）卡车受损，损失应由谁承担？

（3）小张能否请求万里车行支付违约金并双倍返还定金？

（4）小张能否请求万里车行赔偿经营损失？

（5）小张能否同时请求万里车行支付6000元违约金和支付每天50元的迟延履行违约金？

3. 嘉华、义新两公司采用合同书形式订立了一份买卖合同，双方约定由嘉华公司向义新公司提供10台设备，嘉华公司于11月30日前交货，并负责将货物运至义新公司，义新公司在收到货物后10日内付清货款。合同订立后双方均未签字、盖章。10月28日，嘉华公司与安达运输公司订立货物运输合同，双方约定由安达公司将10台设备运至义新公司。11月1日，安达公司先运了7台设备，义新公司全部收到，并于11月8日将7台设备的货款付清。11月20日，嘉华公司掌握了义新公司转移财产、逃避债务的确切证据，要求通知安达公司暂停运输其余 3 台设备，并通知义新公司中止交货，要求义新公司提供担保；义新公司及时提供了担保。11 月 26 日，嘉华公司通知安达公司将其余 3 台设备运往义新公司，安达公司在运输途中发生交通事故，3 台设备全部损毁，致使嘉华公司 11 月 30 日前不能按时全部交货。12 月 5 日义新公司要求嘉华公司承担违约责任。请回答：

（1）嘉华、义新公司订立的买卖合同是否成立？并说明理由。

（2）嘉华公司 11 月 20 日中止履行合同的行为是否合法？并说明理由。

（3）12 月 5 日义新公司要求嘉华公司承担违约责任的行为是否合法？并说明理由。

（4）安达公司对货物毁损应当承担什么责任？并说明理由。

4. 某空调厂与某仓储公司签订了一份空调仓储保管合同，由仓储公司负责保管空调厂的 2000 台空调，空调厂一次性给付保管费 20 000 元。不久，因仓储公司职员管理不慎引起火灾，库房被焚烧，空调厂的 2000 台空调全被焚毁。该空调的成本价为每台 1800 元，出厂价为每台 2000 元，而且这 2000 台被焚毁的空调都已与其他销售单位订立了销售合同。火灾发生后，空调厂为了维护其厂家信誉，按合同约定，付给其他购买单位货款总额 5% 的违约金。损害发生后，空调厂与仓储公司就损害赔偿问题进行了多次协商，均因双方对损害赔偿数额分歧较大不欢而散；同年 10 月，空调厂起诉到人民法院，要求仓储公司赔偿其全部损失。那么，按照我国《合同法》的规定，仓储公司应赔偿空调厂多少损失？

参考解答

一、术语解释

（略）

二、单项选择题

1. C	2. A	3. D	4. B	5. C	6. B
7. C	8. D	9. A	10. D	11. D	12. D

13. A　14. D　15. A　16. D　17. D　18. C

19. A　20. C　21. D　22. D　23. A　24. B

三、多项选择题

1. BCD　2. AD　3. BCD　4. AB　5. ABCE　6. AD

7. BD　8. AC　9. AD　10. BCE　11. ABCE　12. ABD

13. BC　14. ACD　15. AC　16. BE　17. AD　18. BC

四、判断题

1. ×　2. ×　3. ×　4. √　5. ×　6. √

7. √　8. √　9. ×　10. ×　11. √　12. ×

13. ×　14. √

五、案例分析题

1. (1) 本合同按《合同法》的分类，不是供货合同，实为加工承揽合同，故合同名称应改为加工承揽合同。相应地，双方当事人的称谓，应改为承揽方和定作方。

(2) 合同第一条规定的加工产品的名称不完整，规格型号、样式等不明确，原材料的名称、质地、规格亦有问题。应在条文中加以具体化。

(3) 合同第二条规定的交货地点不明确，应当进一步确定。同时，也应增加双方验收的标准，可改为"双方按样品验收"。

(4) 合同第三条所写"货款"应改为"加工费"。

(5) 合同缺少违约责任条款。双方应增加此条款，并协商确定违约金的比例。

(6) 结尾部分，因某服装公司生产部不是独立法人，故应改盖某服务公司的印章。

2. (1) 汽车买卖合同有效。在汽车买卖合同中，汽车买卖应当办理登记手续，但未规定登记后生效，汽车的出让和转让，未办理登记手续的，汽车所有权不发生转移，但并不影响汽车买卖合同的效力。

(2) 卡车受损，损失应由万里车行承担。《合同法》规定，除法律另有规定或者当事人另有约定的外，标的物的所有权自标的物交付时转移。因为卡车受损时尚未交付，风险未转移。

(3) 不能。《合同法》规定，当事人既约定违约金，又约定定金，一方违约时，对方可以选择适用违约金或者定金条款。二者不可同时适用。

（4）能。万里车行所交付的汽车发动机有毛病，是违约行为。万里车行违约应对所造成的损失，包括间接损失负赔偿责任。但该责任应在万里车行能够预见的范围内。

（5）可以。两种违约金的性质不同，可以同时适用。

3.（1）嘉华、义新公司订立的买卖合同成立。根据《合同法》的规定，采用合同书形式订立合同，在签订或盖章之前，当事人一方已履行主要义务，对方接受的，该合同成立。在本案例中，嘉华、义新订立合同后虽然双方均未签字、盖章，但“11 月 1 日，嘉华公司委托安达公司先运了 7 台设备，义新公司全部收到，并于 11 月 8 日将 7 台设备的货款付清”，表明当嘉华公司履行主要义务后，义新公司已经接受，所以该买卖合同成立。

（2）嘉华公司 11 月 20 日中止履行合同的行为合法。根据《合同法》的规定，双务合同中应当先履行债务的当事人，有确切证据证明对方有下列情形之一的，可以中止履行：①经营状况严重恶化；②转移财产、抽逃资金，以逃避债务；③丧失商业信誉；④有丧失或者可能丧失履行债务能力的其他情形。在本案例中，“11 月 20 日，嘉华公司掌握了义新公司转移财产、逃避债务的确切证据”，当然可以依法中止履行合同，嘉华公司行使的是不安抗辩权。

（3）12 月 5 日义新公司要求嘉华公司承担违约责任的行为是合法的。我国《合同法》规定，当事人一方不履行合同义务或者履行合同义务不符合约定的，应当承担继续履行、采取补救措施或者赔偿损失等违约责任。在本案例中，由于合同第三人致使嘉华公司 11 月 30 日前不能按时全部交货。因此，义新公司有权要求嘉华公司承担违约责任。

（4）安达公司对货物毁损应当承担赔偿责任。根据我国《合同法》在分则中的规定：承运人对运输过程中货物的毁损、灭失承担损害赔偿责任，但承运人证明货物的毁损、灭失是因不可抗力、货物本身的自然性质或者合理损耗以及托运人、收货人的过程造成的，不承担损害赔偿责任。在本案例中，承运人“安达公司在运输途中发生交通事故，3 台设备全部损毁”，不属于我国《合同法》分则中的免责部分，所以应承担赔偿责任。

4.（1）按照我国《合同法》的规定，损失赔偿额应当相当于因违约所造成的损失，包括合同履行后可以获得的利益，但不得超过违反合同一方订立合同时预见到或者应当预见到的因违反合同可能造成的损失。

（2）本案中，仓储公司赔偿空调厂的损失包括直接损失和间接损失两部分。

①直接损失是指对空调厂的2000台空调进行折价赔偿，按成本价计算：

$1800 \times 2000 = 3\ 600\ 000$（元）

②间接损失则包括空调厂以此次火灾而负担的违约金损失和失去的本可获得的空调销售利润：

违约金损失：$2000 \times 2000 \times 5\% = 200\ 000$（元）

本可获得的利润：$(2000 - 1800) \times 2000 = 400\ 000$（元）

因此，仓储公司总共应赔偿空调厂的数额为：

$3\ 600\ 000 + (200\ 000 + 400\ 000) = 4\ 200\ 000$（元）

第六章 工业产权法

习　　题

一、术语解释

1. 工业产权
2. 商标
3. 注册商标
4. 专利
5. 职务发明创造
6. 发明

二、单项选择题

1. “漯河双汇牛肉火腿肠”中，属于商标的部分是（　　）。

A. 漯河　　B. 双汇

C. 牛肉　　D. 火腿肠

2. 下列商标中，属于服务商标的有（　　）。

A. 苹果手机　　B. 康洁洗染店

C. 汇源果汁　　D. 福特轿车

3. 下列选项中，属于商品特有名称的有（　　）。

A. 手机　　B. 传呼机

C. 商务通　　D. 手提电脑

4. 根据有关规定，下列商标中一般不得转让的有（　　）。

A. 图形商标　　B. 销售商标

C. 集体商标　　D. 臆造商标

5. 商标专用权的取得是在（　　）。

A. 申请商标注册之后　　B. 初步审定之后

C. 公告之后　　D. 核准注册之后

6. 根据《商标法》的规定，如果有两个或两个以上的申请人在同种或类似商品上以相同或近似的商标申请注册，又是在同一天申请的，初步审定并公告（　　）。

A. 先申请的商标　　B. 所有申请的商标

C. 先使用的商标　　D. 都不能注册

7. 下列选项中，可以申请注册为商标的有（　　）。

A. “货真价实”牌珠宝　　B. “清晰”牌数码相机

C. “北京”牌烤鸭　　D. “四叶草”牌钻戒

8. 《商标法》规定必须使用注册商标的商品有（　　）。

A. 人用药品和奢侈品　　B. 麻醉药品和贵重金属制品

C. 烟草制品与酒类商品　　D. 人用药品与烟草制品

9. 无锡商人虞敏洁于2011年7月30日向国家工商总局商标局递交了25和28两大门类商标注册“林书豪”的两项商标申请。2011年8月7日，国家工商总局商标局正式批复，同意了“林书豪”两大门类商标的申请。根据《商标法》的规定，该公司第一次申请“林书豪”商标续展注册的最后期限应为（　　）。

A. 2021年1月1日　　B. 2021年7月30日

C. 2021年8月7日　　D. 2022年2月7日

10. 对侵害商标专用权的行为，受害人（　　）。

A. 可以直接向人民法院起诉　　B. 必须先申请工商行政管理机关处理

C. 可以申请仲裁　　D. 必须申请仲裁

11. 单位或个人接受其他单位或个人委托所完成的发明创造，若没有关于权利归属的协议，则申请专利权的权利属于（　　）。

A. 委托人　　B. 受托人

C. 委托人和受托人　　D. 双方均不能申请专利

12. 无确定形状的产品发明，如气态、液态、粉末状的物质或材料，属于（　　）的情况。

A. 可以申请发明专利　　B. 可以申请实用新型专利

C. 可以申请外观设计专利　　D. 不能申请专利

13. 下列选项中，不可能申请到专利权的是（　　）。

A. 科学发现　　B. 产品发明

C. 方法发明　　D. 实用新型

14. 有可能共同拥有一项专利权的情况有（　　）。

A. 李宏在钱凯的组织领导下完成某项发明创造

B. 李宏受赵冬的思想启发完成发明创造

C. 李宏完成发明创造所用的资料是从刘明所在单位的内部资料中购买的

D. 李宏将王海波未竟的一项创造继续完成

15. 下列选项中，可能获得发明专利的是（　　）。

A. 永动机　　B. 一种新型电脑芯片

C. 一幢造型别致的建筑物　　D. 一种游戏的新玩法

16. 取得发明、实用新型专利的实质条件与取得外观设计专利的实质条件的主要区别之一是，后者不要求（　　）。

A. 新颖性　　B. 创造性

C. 实用性　　D. 美感

17. 下列（　　）是被专利法所允许的。

A. 为了供自己欣赏，未经专利权人许可制造了一件其外观设计专利产品

B. 为了招揽顾客，利用专利公报上公开的方法生产食品

C. 某商场未经专利权人许可制造了一件专利产品，摆在橱窗之中展示

D. 某企业从国外引进了一项在外国已是公知公用的技术，但该技术的相关专利在国内有效期尚未届满。

18. 使用专利标记在我国是专利权人的一种（　　）。

A. 权利　　B. 义务

C. 既是权利也是义务　　D. 谈不上权利和义务

三、多项选择题

1. 图中的商标是（　）。

A. 注册商标　　B. 商品商标

C. 集体商标　　D. 证明商标

2. 商品的通用名称（　　）。

A. 能够注册为商标　　B. 不能注册为商标

C. 能够作为商标使用　　D. 不能作为商标使用

3. 商标与原产地名称的区别在于（　　）。

A. 标识作用不同、前者区别经营者，后者区别产地

B. 构成要素不同、前者可由文字、图形等构成，后者只能由文字构成

C. 前者可以转让，后者不能转让

D. 前者专属于特定企业，后者不专属于特定企业

4. 下列选项中，（　）不能作为商标注册。

A. 任何县级以上行政区划的地名或者公众知晓的外国地名

B. “红十字”、“红新月”

C. 我国少先队员队旗

D. 我国的国歌

5. 我国《商标法》规定，商标注册申请人可以是（　　）。

A. 企业、事业单位　　B. 个体工商户

C. 社会团体　　D. 自然人

6. （　　）不能作为商标申请注册。

A. “迅速”牌汽车　　B. “666”啤酒

C. “真的”牌钻石　　D. “：－D”牌牙刷

7. （　　）必须使用注册商标。

A. 抗生素　　B. 血液制品

C. 雪茄烟　　　　　　　　　　　　　　D. 葡萄酒

8. （　　）申请人可以要求优先权。

A. 在外国第一次提出注册申请之日起6个月内，又在我国就同一商标提出注册申请的

B. 在外国第一次提出注册申请之日起12个月内，又在我国就同一商标提出注册申请的

C. 在我国政府主办的广交会上首先使用，在该商品展出之日起6个月内在我国提出商标注册的

D. 在我国政府主办的广交会上首先使用，在该商品展出之日起12个月内在我国提出商标注册的

9. 甲公司有一注册商标，其有效期将于2012年6月1日届满，该公司需要继续使用此商标，便向乙律师提出咨询，乙律师的下列意见（　　）是正确的。

A. 你们公司应当在2012年1月1日至6月1日期间向商标局申请续展注册

B. 如果你们公司在上述期间没有提出续展申请，6月1日以后就不能提出申请了，这样，你们的注册商标就会被注销

C. 只要你们在此期间提出续展申请，商标局就有义务办理续展注册，不存在被拒绝或驳回的问题

D. 每次续展注册的有效期是10年，下次期满，可以再续展，续展的次数没有限制

10. （　　）属于商标侵犯商标权的行为。

A. 未经商标权人许可，在类似商品上使用近似商标的行为

B. 商家在不知情的情况下销售仿冒产品的行为

C. 擅自制造他人注册商标标识的行为

D. 明知他人的商品是仿冒产品而提供仓储的

11. 下列选项中，关于商标与外观设计专利的关系中论述正确的有（　　）。

A. 两者都位于商品的标明或包装上

B. 它们都可以由某种形象图案构成，对产品起一定的美化作用

C. 商标具有标识作用，外观设计也具有一定的识别作用

D. 商标只能依附于商品上，不能成为商品本身的组成部分；而外观设计则是产品的有机组成部分

12. 专利权的保护对象是（ ）。

A. 发明　　B. 实用新型

C. 外观设计　　D. 集成电路布图设计

13. 在我国，可以成为专利权主体的人包括（ ）。

A. 外国人　　B. 单位

C. 发明人、设计人　　D. 发明人、设计人的继承人

14. “发明”与“实用新型”的区别有（ ）。

A. 对创造性的要求不同　　B. 保护对象不同

C. 授权审批程序不同　　D. 保护期限不同

15. 下列选项中，可以申请专利的有（ ）。

A. 一种药品

B. 该药品的生产方法

C. 该药品治疗疾病的用法、用量

D. 该药品的一种改进品，但疗效降低

16. 甲完成了一项发明创造，并申请了专利，（ ）可以成为该发明创造的专利权人。

A. 购买该发明创造技术的乙

B. 通过技术使用合同，取得该发明创造使用权的丙

C. 通过合同购买甲用该技术生产产品的丁

D. 甲死亡后其唯一继承人戊

17. 下列各选项中，正确的行为是（ ）。

A. 2011 年甲公司与乙公司约定，乙公司有权实施甲公司于 2010 年获得的一项发明专利，合同期限为 25 年

B. 2011 年甲公司与乙公司约定，乙公司有权实施甲公司于 2011 年获得的一项发明专利，合同期限为 10 年，专利使用费为每年 1000 万元，且若乙公司在实施期间对该专利技术有改进，则由此产生的专利申请权以及可能取得的专利权均归甲公司所有

C. 2011 年，甲公司与乙公司约定，乙公司有权实施甲公司于 2010 年获得的一项发明专利，合同期限为 5 年，并不支付使用费。但作为对价，若乙公司在实施期间对该发明专利技术有改进，则甲公司有权免费实施乙公司的改

进技术

D. 2011 年，甲公司与乙公司约定，乙公司有权实施甲公司于 2010 年获得的一项发明专利权，合同期限为 5 年，但乙公司不支付任何费用

18. 依据现行专利法的规定，专利局可以颁发专利实施的强制许可的情形有（　）。

A. 专利权人在获得专利权后，长期不实施其专利

B. 具备实施条件的单位以合理的条件请求专利权人许可实施其专利，而未能在合理长的时间内获得这种许可，同时专利权人自己也不实施其专利

C. 一项取得专利权的发明或者实用新型比此前已经取得专利权的发明或者实用型具有显著经济意义的重大技术进步，其实施又有赖于前一发明或者实用新型专利的实施的

D. 在国家出现紧急状态或者非常情况时或为了公共利益的目的而使用

19. 下列行为中，不属于对专利权的合理使用的行为的有（　）。

A. 某学校在进行一项教学实验时未经许可使用他人的一项相关专利

B. 某学校受某公司委托开发一种新产品时未经许可使用他人的一项相关专利技术

C. 某公司在生产其产品时未经允许使用了他人的一项相关专利

D. 某公司在广告宣传活动中未经许可使用了他人的一项专利方法

20. 下列行为中，属于侵犯专利权的行为的有（　）。

A. 某甲在其经营的商店中销售了侵犯他人专利权的商品，但并不知道他所购来的这种商品侵犯了他人的专利权

B. 某甲在其经营的商店中购进了一大批侵犯他人专利权的商品，开始时甲并不了解情况，但在随后知道所购来的这批商品侵犯了他人的专利权的情况下，为了避免损失而继续销售

C. 某甲在其经营的商店中销售一种电饭锅，为了扩大销路，就在所购来的电饭锅上贴上伪造的专利标记

D. 某甲是一个发明爱好者，一次，他为了某项发明的研制工作而使用了他人的一项专利方法

四、判断题

1. 县级以上行政区划的地名不得作为商标使用，已经注册的使用地名的商标除外。（　　）

2. 注册商标的有效期为10年，有效期满需要继续使用的，应当在期满前6个月内申请重新注册。（　　）

3. 注册商标转让后，原注册商标所有人不再享有该注册商标的使用权。（　　）

4. 气味标志、音响标志不得成为注册商标。（　　）

5. 以相同的商标在同一天申请注册的，商标权授予使用在先的当事人。（　　）

6. 就类似商品申请注册的商标是翻译他人未在中国注册的驰名商标，法律规定不予注册。（　　）

7. 中职生小李发明了一种方便擦车的工具，由于小李不是完全民事行为能力人，他只能是发明人，不能成为专利申请人。（　　）

8. 甲完成了一项发明创造，并申请了专利，通过技术使用合同，取得该发明创造使用权的丙可以成为该发明创造的专利权人。（　　）

9. 在对专利申请进行新颖判断时，我国采取的时间标准是申请日。（　　）

10. 我国《专利法》规定的专利权期限的起算点是授权公告之日。（　　）

11. 在我国，专利权终止的原因主要有专利权期限届满、专利权人没有按照规定缴纳年费、专利权人以书面声明放弃其专利权、专利权无人继承等。（　　）

12. 在国家出现紧急状态或者非常情况时，专利局可以给予实施发明专利或者实用新型专利的强制许可。（　　）

五、案例分析题

1. 2001年12月31日，重庆市长寿县某按摩器生产厂商向商标局申请将使用在该按摩器上的“长寿”标志注册为商标。2002年1月15日，商标局审查后认为“长寿”系县级以上行政区划名称，根据《商标法》第十条第三款“县级以上行政区划的地名不得作为商标”之规定，驳回该申请。该厂商于2002年1月20日收到该驳回申请的决定。另外，该县另有一厂商在某保健器材上使用为注册的“长寿”商标。请回答下列问题：

（1）如该按摩器生产厂商不服商标局驳回申请的决定，应于何时向谁提出申请复议？

(2) 你认为复议结果如何？理由是什么？

(3) 如果复审结果维持初审决定，该按摩器生产厂商能否向法院提起诉讼？为什么？

(4) 如果复审结果改变初审决定，最后核准注册并发给商标注册证，那么另一保健器材生产厂商能否继续使用“长寿”作为商标？为什么？

2. 甲厂自2004年起在其生产的衬衫上使用“雅客”商标；2006年，乙服装厂也开始使用“雅客”商标。2008年3月，乙厂的“雅客”商标经国家商标局核准注册，其核定使用的商品为服装等。2009年1月，乙厂发现甲厂在衬衫上使用“雅客”商标，很容易引起消费者的误认，因此甲、乙双方发生侵权纠纷。根据案情请分析下列问题：

(1) 甲、乙两个厂谁构成侵权？为什么？

(2) 侵权行为始于何时？请说明理由。

(3) 侵权方能否继续使用“雅客”商标？请你提出可行性建议。

3. 2007年12月，H化工研究所工程师梁某在一次技术洽谈会上与G化工厂厂长张某结识。张某请梁某帮助解决污水净化重复利用的技术难题，梁某答应试试。2008年春节，梁某与其在大学读书的儿子在H化工研究所院内一个废弃多年的人防工程里，用三个箩筐、一堆渣土、扫帚、水桶等工具，还自费购买了十余种试剂、试纸、电炉等物品，对G化工厂的污水水样进行净化实验。实验结果达到了G化工厂的技术指标要求。

梁某将实验资料交给H化工研究所一份，所里认为梁某为该所工程师，污水净化又是其研究范围，此成果应是职务技术成果，便以研究所的名义于2008年5月向国务院专利行政部门提交了“HI——PQ703污水净化方法”专利申请。2011年7月，研究所获得专利权。在此期间，梁某一直认为自己的成果是非职务发明，故强烈要求办理专利权人变更手续。双方争执不下，梁某诉至法院。

请分析：梁某和H化工研究所，谁的主张成立？为什么？

4. 某研究所工程师安某接受A公司的委托，利用A公司提供的资金等物质帮助，在工作之余为A公司发明了多功能电子笔。双方约定安某为该多功能电子笔的发明人，A公司在安某完成该发明后一次支付安某酬金20万元。安某经过一段时间的研究后终于完成该发明，并交付A公司。A公司按照双方的约定向安某支付了酬金。安某接受后未提出任何异议。

后来，安某又与B公司就同样的发明接受委托，订立委托开发合同。在安某与A公司联络的过程中，被B公司发现。于是，B公司提出撤销该发明委托开发合同。

A公司获此发明后，即向专利部门申请发明专利，安某得知后提出异议。安某认为，该发明属于委托开发研究完成的成果，双方对该发明申请专利的权利未提出约定。根据《合同法》的规定，申请专利的的权利应当属于研究开发人，其本人就该发明具有申请专利的权利，请求专利局驳回A公司的申请。A公司则辩称，安某的发明属于职务发明，根据《专利法》的规定，对于职务发明创造申请专利的权利属于该公司。最终专利局认定，安某完成的发明属于职务发明，该发明的专利申请权归A公司，并依法定程序授予A公司专利权。

A公司获得该发明的专利权后，与C公司订立专利许可合同，约定除A公司继续实施该专利外，仅许可C公司有权实施该专利。之后，A公司与D公司签订专利权转让合同。双方共同向专利行政管理部门办理了专利权转让手续。

E公司在A公司申请该发明专利之前，已经从国外公开出版物上了解到该电子笔发明，经试制成功，批量生产并发给本单位职工使用。E公司得知A公司获得该发明专利权后，向专利复审委员会提出申请，认为该发明不具备新颖性，请求宣告A公司的该发明专利权无效。A公司反驳称，首先对国外出版物上发表了该发明，本公司尚不知晓，本公司是委托安某完成的该发明；其次E公司虽然已经使用，但仅限于本单位，并未公开使用，因此该发明没有丧失新颖性。

根据以上事实请分别回答以下问题：

(1) 双方约定安某为该发明的发明人是否正确？为什么？

(2) B公司是否有权撤销合同？

(3) A公司与安某关于专利申请权的说法哪个正确？请说明理由。

(4) A公司与C公司订立的专利实施许可属于何种方式？在专利权转让合同生效后，D公司可以要求A公司停止实施该专利吗？C公司能否继续实施该专利？请说明理由。

(5) A公司取得该发明专利是否不具备新颖性？如果宣告该专利无效，A公司该如何向C公司和D公司承担责任？

参考解答

一、术语解释

（略）

二、单项选择题

1. B	2. B	3. C	4. C	5. D	6. C
7. D	8. D	9. D	10. A	11. B	12. A
13. A	14. D	15. B	16. B	17. A	18. A

三、多项选择题

1. AB	2. BC	3. ABCD	4. ABCD	5. ABCD	6. ACD
7. ABC	8. AC	9. ACD	10. ABCD	11. ABCD	12. ABC
13. ABCD	14. ABCD	15. AB	16. AD	17. CD	18. BCD
19. BCD	20. BC				

四、判断题

1. √	2. ×	3. √	4. √	5. √	6. √
7. ×	8. ×	9. √	10. ×	11. √	12. √

五、案例分析题

1. （1）应于2月5日之前向商标评审委员会申请复审。

（2）应当改变初审决定。因为“长寿”具有“岁数大”等其他含义，应当可以作为商标注册；同时用“长寿”作为保健器的商标，是一种暗示商标，而不是叙述商标，应当具有一定的显著性，符合商标申请的条件。

（3）可以向法院提起诉讼。因为修改后的《商标法》规定，商标的取得、维持和撤销都纳入司法审查的范围，申请人可以在收到商标评审委员会复审决定之日起30日内向人民法院起诉。

（4）不能。因为此时使用将侵犯商标专用权。

2.（1）甲厂构成侵权，即侵犯了乙厂的注册商标专用权。其理由是：在我国只有注册商标享有专用权。甲厂的商标虽然使用在先，但并未注册；而乙厂的商标虽然使用在后，但获得了注册。

（2）甲厂的侵权行为始于2008年3月乙厂的商标被核准注册后。其理由是：在乙厂的商标被核准注册前，乙厂对其使用的“雅客”商标无专用权，且我国《商标法》规定注册商标专用权的效力始于核准注册公告之日。

（3）侵权方甲不得擅自在其生产的衬衫上继续使用“雅客”商标。如果要继续使用，必须依法取得对“雅客”商标的使用权。可行性方法有：①对乙的注册提出不当注册撤销请求，经商标评审委员会撤销后，可以继续使用；②与乙厂协商，获得注册商标许可使用权；③与乙厂协商，请乙厂向其转让注册商标。

3. 梁某的主张成立，即该发明为非职务发明，梁某享有专利申请权和专用权。

根据我国《专利法》的规定：执行本单位的任务或者主要是利用本单位的物质技术条件所完成的职务发明创造，申请专利的权利属于该单位；非职务发明创造，申请专利的权利属于发明人或者设计人。

本案中，梁某虽然是H化工研究所的在编人员，污水净化也是他的业务研究范围，但案中涉及的发明创造既不是梁某在执行本单位的任务时完成的，也不是主要利用本单位的物质技术条件所完成的。梁某做实验的时间是在2008年春节期间，他本人和儿子利用休息时间而非工作时间从事的实验活动并取得成果，不是执行本单位任务，而是个人接受他人委托完成的技术成果；再者从他的实验条件看，显然不是利用其单位的物质技术条件完成的发明创造。所以，梁某要求变更自己为专利权人的主张是有法律依据的。

4.（1）双方约定安某为该发明的发明人是正确的。因为发明人或设计人只能是自然人，并且安某是该发明的完成人，是对该发明创造的实质性特点作出创造性贡献的人。

（2）B公司有权撤销合同。因为安某采取欺诈手段，就同一研究开发课题先后同两个以上的委托人分别订立委托开发合同，重复收取研究开发费用，受损害方B公司有权请求撤销合同。

（3）A公司的说法是正确的。职务技术成果是执行法人或者其他组织的工作任务，或者主要是利用法人或者其他组织的物质技术条件所完成的技术成果。安某既接受了A公司的委托，执行A公司交付的任务，又主要利用A公司的物质技术条件，同时安某也接受了A公司支付的一次性酬金20万元。因此，安某的发明属于职务技术成果。

(4) A公司与C公司订立的专利实施许可属于排他实施许可。

在专利权转让合同生效后，D公司可以要求A公司停止实施该专利。有关合同法律制度规定，订立专利权转让合同前，让与人自己已经实施发明创造，在合同生效后，受让人可以要求让与人停止实施，但当事人另有约定的除外。

C公司可以继续实施该专利。有关合同法律制度规定，让与人与受让人订立的专利权转让合同，不影响在合同成立前让与人与他人订立的相关专利实施许可合同的效力。

(5) A公司取得的该发明专利不具备新颖性。根据《专利法》的规定，我国关于授予专利条件中新颖性的标准采用混合标准，即关于出版物的公开采用国际标准，而其他方式的公开，采用本国标准。因A公司的发明在申请日前已在国外出版物上公开发表了，所以丧失新颖性。

根据有关法律的规定，专利权宣告无效后，专利权人或者专利权转让人不向被许可实施专利权人或者专利权受让人返还专利使用费或者专利权转让费，明显违反公平原则，专利权人或者专利权转让人应当向被许可实施专利人或者专利权受让人返还全部或者部分专利使用费或者专利权转让费。据此，A公司本着公平原则，应当向C公司和D公司分别返还部分或者全部专利使用费或者专利权转让费。

第七章 反垄断法

习　题

一、术语解释

1. 垄断协议
2. 市场支配地位
3. 滥用市场支配地位
4. 经营者集中
5. 行政垄断

二、单项选择题

1. 依据《反垄断法》的规定，下列属于垄断行为的是（　　）。

A. 经营者利用市场支配地位　　B. 经营者达成垄断协议

C. 经营者集中　　D. 政府利用行政权力宏观调控

2. 依据《反垄断法》的规定，负责组织、协调、指导反垄断工作的机构是（　　）。

A. 各级人民法院　　B. 反垄断执法机构

C. 国务院反垄断委员会　　D. 各级人民政府

3. 依据《反垄断法》的规定，对涉嫌垄断行为进行调查的是（　　）。

A. 人民检察院　　B. 反垄断执法机构

C. 反垄断委员会　　D. 各级人民政府

4. 在不会严重限制相关市场竞争，并能使消费者分享由此产生的利益前提下，经营者与具有竞争关系的经营者（　　）不为《反垄断法》所禁止。

A. 为排除竞争，达成的联合抵制交易协议

B. 为实现其支配地位，达成的限制商品的生产数量协议

C. 为限制竞争，达成的固定商品价格协议

D. 为改进技术，达成的限制购买新技术协议

5. 依据《反垄断法》的规定，具有市场支配地位的经营者从事的（　　）的行为是滥用市场支配地位的行为。

A. 限定交易相对人只能与其进行交易

B. 以低于成本的价格销售商品

C. 以不公平的高价销售商品

D. 拒绝与交易相对人进行交易

6. 在某市场，甲、乙、丙分别占据着59%、8%、9%的份额，其他经营者的都不足1%，那么关于甲、乙、丙市场支配地位的表述正确的是（　　）。

A. 认定甲有　　B. 推定甲有

C. 推定乙有　　D. 推定丙有

7. 依据《反垄断法》的规定，下列属于经营者集中情形的是（　　）。

A. 经营者通过取得资产的方式，取得对其他经营者的表决权

B. 经营者合并

C. 经营者通过合同等方式，能够对其他经营者施加影响

D. 经营者联合抵制交易

8.《反垄断法》规定，参与集中的所有经营者上一会计年度在中国境内的营业额合计超过（　　）亿元人民币，并且其中两个经营者上一会计年度在中国境内的营业额均超过（　　）亿元人民币，应当事先向国务院反垄断执法机构申报，未申报的不得实施集中。

A. 20　4　　B. 20　10

C. 100　4　　D. 100　10

9. 依据《反垄断法》的规定，负责经营者集中行为反垄断审查工作的机构是（　　）。

A. 人民检察院　　B. 国家发展和改革委员会

C. 反垄断委员会　　D. 商务部

10. 行政机关滥用行政权力，实施对外地商品设定歧视性收费项目，实行歧视性收费标准，妨碍商品在地区之间自由流通的行为是（　　）。

A. 滥用行政权力排除、限制竞争的行为

B. 宏观调控行为

C. 经营者集中行为

D. 滥用市场支配者地位行为

11. 经营者违反《反垄断法》的规定，达成并实施垄断协议的，由反垄断执法机构责令停止违法行为，没收违法所得，并处一定数额的罚款。该罚款数额是（　　）。

A. 50 万元以下　　B. 上一年度销售额 1% 以上 10% 以下

C. 100 万元以下　　D. 上一年度销售额 2% 以上 20% 以下

12. 行业协会违法组织本行业的经营者达成垄断协议的，反垄断执法机构可以处（　　）以下的罚款。

A. 一年度销售额 1% 以上　　B. 上一年度销售额 1% 以上 10% 以下

C. 50 万元　　D. 100 万元

三、多项选择题

1. 对国务院反垄断委员会机构定位和工作职责，下列（　　）选项是正确的。

A. 承担反垄断执法职责的法定机构

B. 协调反垄断行政执法工作

C. 组织调查、评估市场总体竞争状况，发布评估报告

D. 审查经营者集中申报的材料

2. 依据《反垄断法》的规定，垄断行为应包括（　　）。

A. 经营者达成垄断协议

B. 经营者滥用市场支配地位

C. 具有或者可能具有排除、限制竞争效果的经营者集中

D. 国家垄断

3. 依据《反垄断法》的规定，禁止的垄断协议有（ ）。

A. 具有竞争关系的经营者达成固定或者变更商品价格的协议

B. 具有竞争关系的经营者达成限制商品的生产数量的协议

C. 与其他经营者达成原材料供应协议

D. 具有竞争关系的经营者达成联合抵制交易

4. 下列（ ）是垄断协议。

A. 甲食用油生产企业与乙连锁超市约定，后者出售前者某牌号食用油新产品最高按某价格出售

B. 甲食用油生产企业与乙连锁超市约定，后者出售前者某牌号食用油新产品只能按某价格出售

C. 甲公司、乙公司、丙公司都是从事奶粉生产的厂家，其主要市场均在某市，三家公司在某日的行业会议中签订了关于维持现有价格的协议，不允许相互之间采用降低价格的方式进行竞争

D. 因为价格问题，甲、乙两家房地产开发公司口头约定都不购买丙企业生产的钢材

5. 依据《反垄断法》的规定，依据其在相关市场的市场份额，可以推定（ ）具有市场支配地位。

A. 份额相近，且合计份额达到3/4以上的三个经营者

B. 合计份额达到2/3的两个经营者

C. B选项情形下，其中份额不足1/10的经营者

D. 份额达到1/2的一个经营者

6. 依据《反垄断法》的规定，经营者集中的情形包括（ ）。

A. 经营者合并

B. 经营者通过取得股权或者资产的方式取得对其他经营者的控制权

C. 经营者通过合同等方式取得对其他经营者的控制权

D. 具有竞争关系的经营者达成商品销售价格联盟

7.《反垄断法》规定，行政机关和法律法规授权的具有管理公共事务职能的组织不得滥用行政权力，实施（ ）行为。

A. 妨碍商品在地区之间的自由流通

B. 采取与本地经营者不平等待遇等方式，排斥或者限制外地经营者在本地投资

或者设立分支机构

C. 强制经营者从事《反垄断法》规定的垄断行为

D. 制定含有排除、限制竞争内容的规定

8. 对于违反《反垄断法》实施集中的经营者，国务院反垄断执法机构可以采取的措施（　　）。

A. 责令停止实施集中　　　　B. 限期处分股份或者资产

C. 限期转让营业　　　　D. 处以罚款

四、判断题

1.《反垄断法》的出台是为了预防和制止垄断。（　　）

2. 我国境外的垄断行为，对境内市场竞争产生排除、限制影响的，同样适用《中华人民共和国反垄断法》。（　　）

3. 如果一个经营者具有控制销售市场和原材料采购市场的能力，那么就可以推定它具有市场支配地位。（　　）

4. 经营者集中只会加强经营者的市场支配地位，限制竞争，损害效率。（　　）

5. 事先申报制度规定，经营者只能获得国务院反垄断执法机构的许可才能实施集中。（　　）

6. 行政垄断从目的或结果看，旨在排除、限制正常的市场竞争。（　　）

7. 按照我国《反垄断法》的规定，实施垄断行为的主体只能是企业。（　　）

8. 行业协会违法组织本行业的经营者达成垄断协议的，情节严重的，反垄断执法机构可以依法撤销登记。（　　）

9. 经营者违法滥用市场支配地位的，由反垄断执法机构责令停止违法行为，没收违法所得，并处50万元的罚款。（　　）

10. 反垄断执法机构工作人员因滥用职权、玩忽职守等构成犯罪的，应依法追究刑事责任。（　　）

五、案例分析题

1. 2008年9月3日，全球最大的软饮料商可口可乐公司宣布拟以每股现金作价12.2港元，总计约179.2亿港元（约合24亿美元）收购汇源果汁的全部已发行股份及全部未行使可换股债券，较汇源果汁停牌前的8月29日收盘价4.14港元溢价1.95倍。

9月18日，商务部收到可口可乐公司收购中国汇源公司的经营者集中反垄断申报材料。11月20日，商务部正式进入反垄断调查程序，2009年3月18日，根据我国《反垄断法》的相关规定，商务部正式宣布：决定禁止可口可乐收购汇源。

请问：

（1）可口可乐公司并购中国汇源公司为什么要向中国商务部申报？

（2）可口可乐收购汇源果汁的行为属于哪种垄断行为？确认该垄断行为应审查哪些因素？

（3）商务部决定禁止可口可乐并购中国汇源的法律依据是什么？

2. 在长期激烈的市场竞争中，A市的奶制品市场上只剩下了甲、乙两家大的生产经营企业。甲、乙两家企业为了能够避免两强相争，它们共同达成如下协议：甲企业在A市的4个区进行销售；乙企业在A市的其他3个区进行销售；甲、乙两家企业不能进入彼此的销售市场。于是，甲、乙两家企业在各自的销售区域内因缺乏竞争而获得了高额利润。

请问：

（1）甲、乙两家企业的行为是否合法？为什么？

（2）甲、乙两家企业的行为应承担什么法律责任？

3. 力拓、必和必拓是全球排名分别为第二、第三的铁矿石供应商，“两拓”铁矿石出口量占澳大利亚总出口的80%左右，掌控着全球36%铁矿石，而中国又是铁矿石进口第一大国。作为替代中铝增持方案的一部分，力拓董事会在2009年6月5日的会议上决定，与必和必拓建立合资公司，经营双方在西澳大利亚的铁矿石业务，以此获得对方支付58亿美元。据称，合并产生的协同效应将为两家公司节约至少100亿美元的成本。但这样一家合资公司必然导致“两拓”日益接近，以至于形成事实垄断。

请问：“两拓”合资计划是否适用我国的《反垄断法》？

参考解答

一、术语解释

（略）

二、单项选择题

1. B　2. C　3. B　4. D　5. C　6. B
7. B　8. A　9. D　10. A　11. B　12. C

三、多项选择题

1. BC　2. ABC　3. ABD　4. BCD　5. AD　6. ABC
7. ABCD　8. ABCD

四、判断题

1. ×　2. √　3. ×　4. ×　5. ×　6. √
7. ×　8. ×　9. ×　10. √

五、案例分析题

1.（1）该收购行为向中国商务部申报是依据《反垄断法》的规定：经营者集中达到国务院规定的申报标准的，经营者应当事先向国务院反垄断执法机构申报，未申报的不得实施集中。

（2）该收购行为属于垄断行为中的经营者集中行为。确认该垄断行为应审查以下几个方面的因素：①参与集中的经营者在相关市场的市场份额及其对市场的控制力；②相关市场的市场集中度；③经营者集中对市场进入、技术进步的影响；④经营者集中对消费者和其他有关经营者的影响；⑤经营者集中对国民经济发展的影响；⑥汇源品牌对果汁饮料市场竞争产生的影响。

（3）由于该收购具有排除、限制竞争效果，将对中国果汁饮料市场有效竞争和果汁产业健康发展产生不利影响。依据《反垄断法》，该经营者集中具有或者可能具有排除、限制竞争效果的，国务院反垄断执法机构应当作出禁止经营者集中的决定。

2.（1）甲、乙两家企业的行为不合法，两家达成的协议已构成垄断协议。《反垄断法》规定，禁止具有竞争关系的经营者达成分割销售市场或者原材料采购市场的垄断协议。

（2）此案中，甲、乙两家企业达成并实施垄断协议。依据《反垄断法》的规定，经营者违反《反垄断法》规定，达成并实施垄断协议的，由反垄断执法机构责令停止违法行为，没收违法所得，并处上一年度销售额1%以上10%以下的罚款；尚未实施所达成的垄断协议的，可处以50万元以下的罚款。

3.“两拓”的合资计划适用中国的《反垄断法》。根据《反垄断法》第二条规定：中华人民共和国境内经济活动中的垄断行为，适用本法；中华人民共和国境外的垄断行为，对境内市场竞争产生排除、限制影响的，适用本法。“两拓”虽然是澳大利亚的公司，由于力拓和必和必拓均为中国进口铁矿石的主要供应商，拟建立的合资企业所经营的西澳大利亚铁矿石又是两大公司的主要铁矿石资产。同时，这笔拟议中的合资交易必然会对我国境内铁矿石市场竞争产生一定程度的排除、限制影响。因此，根据我国《反垄断法》第二条的规定有法律义务向中国政府申报审批。

第八章 反不正当竞争法

习　　题

一、术语解释

1. 不正当竞争

2. 商业贿赂

3. 商业秘密

4. 诋毁商誉行为

5. 串通投标行为

二、单项选择题

1. 《反不正当竞争法》所称的不正当竞争行为主体不可能是（　　）。

A. 生产者　　B. 经营者

C. 消费者　　D. 国家机关

2. 《反不正当竞争法》规定由县级以上（　　）对不正当竞争行为进行监督检查。

A. 人民政府　　B. 工商行政管理部门

C. 质量监督管理部门　　D. 税务部门

3. 某啤酒厂在某产品的瓶颈贴一标签，上印有“获1990年柏林国际啤酒博览会金奖”字样和一个带外文的徽章。此奖项和徽章均属子虚乌有。对这一行为应当认定为（　　）。

A. 根据《反不正当竞争法》，该行为构成虚假宣传行为

B. 根据《反不正当竞争法》，该行为构成虚假表示行为

C. 根据《民法通则》，该行为构成欺诈的民事行为

D. 该行为违反商业道德，但不违反法律

4. 某超市在“十一”黄金周期间挂出一条“十一放假期间在本商场购买商品达200元者，本超市送一特大礼物”的横幅，结果特大礼物是一只大气球。对此，另一商场向工商行政管理局提出控告。依照《反不正当竞争法》的规定，该超市的这一行为的性质（　　）。

A. 是引人误解的虚假宣传，构成不正当竞争

B. 是违反商业道德的宣传，不违法

C. 只是对消费者构成消费欺诈，不构成不正当竞争

D. 只是一般的欺诈行为，不构成不正当竞争

5. 下列（　　）行为属于不正当竞争行为。

A. 以低于成本价格销售鲜活商品

B. 以低于成本价格处理积压商品

C. 抽奖式有奖销售最高奖为4500元

D. 盗窃他人商业秘密的行为

6. 下列行为中，属于不正当竞争的是（　　）。

A. 低于成本价销售鲜活产品

B. 商场抽奖式的有奖销售，最高奖是一辆捷达小轿车

C. 企业经营不善，因为歇业而降价销售产品

D. 商场为了庆祝开业三周年，在成本价以上将商品打折出售

7. 某家具店广告标明展销“美国聚酯漆家具”，消费者以为是美国进口家具，而实际是用美国进口的聚酯漆涂的家具。此广告属于（　　）的广告。

A. 真实　　B. 不足以造成相关公众误解

C. 引人误解的虚假　　D. 合法

8. 某市技术监督局在抽查本市市场上的饮料时发现，除三种名牌饮料外，其余饮料均不合格，该局在当地新闻媒体上对检查结果进行了详细介绍，导致一些厂家生产

的饮料销量急剧下降。下列说法中正确的是（　　）。

A. 市技术监督局的抽查行为是履行职责的正常管理行为，但在新闻媒体上公布抽查结果是限制其他经营者的不正当竞争行为

B. 市技术监督局的行为是履行职责的正常管理行为，不构成不正当竞争

C. 市技术监督局抽查行为的背后是以排挤其他经营者为动机，故抽查行为与公布行为均构成不正当竞争

D. 市技术监督局行为虽有排挤其他经营者的意图，但并未指定消费者购买某种饮料，尚不构成不正当竞争

9. 被侵害的经营者的合法权益受到不正当竞争行为损害的，可以向（　　）提起诉讼。

A. 人民政府　　B. 工商行政管理部门

C. 技术监督管理部门　　D. 人民法院

10. 经营者的不正当竞争行为给被侵害的经营者造成的损失难以计算的，赔偿额为（　　）。

A. 侵权人在侵权期间所获得的利润

B. 侵权人在侵权期间因侵权所获得的利润

C. 受害人在被侵权期间因侵权所获得的利润

D. 侵权人在侵权期间因侵权所获得的利润的两倍

三、多项选择题

1.《反不正当竞争法》的原则是（　　）。

A. 自愿原则　　B. 诚实信用原则

C. 不得损害社会公共利益原则　　D. 平等、公平原则

2. 根据《反不正当竞争法》的规定，对不正当竞争行为进行监督检查的专门机构是（　　）。

A. 各级人民政府　　B. 县级以上人民政府工商管理部门

C. 法律、行政法规规定的其他部门　　D. 各级政府的行政执法部门

3. 下列（　　）属于不正当竞争行为中的欺骗性交易行为。

A. 甲酒厂将其在当地评奖会上的获奖证书复印在所有的产品包装上

B. 乙厂的矿泉水使用“清凉”商标，而“清凉矿泉水厂”是本地一知名矿泉

水厂的企业名称

C. 丙商场在有奖销售中把所有的奖券刮奖区都印上“未中奖”字样

D. 丁毛衣厂将生产的含有20%腈纶的毛衫上缝制全毛标识

4. 下列行为中，属于侵犯商业秘密行为的是（　　）。

A. 李某为某公司的部门经理，他将本公司的一项专有技术成果告诉自己的弟弟

B. 张某为某公司的经理，他用2万元现金贿赂同行业某公司的技术员钱某，获取该公司的专有技术

C. 某食品公司的促销员向顾客宣传本公司产品性能的同时极力反对顾客购买其他公司的产品，声称其他公司产品的原料有污染

D. 某建筑公司的职工田某，将本公司的设计图纸复制卖给同行业的另一建筑公司

E. 赵某获取招标的标底，并告诉其朋友王某，使王某投标成功

5. 下列行为中，不属于不正当竞争行为的有（　　）。

A. 销售鲜活商品　　B. 处理有效期限即将到期的商品

C. 季节性降价　　D. 因清偿债务降价销售商品

6. 下列行为中，（　　）属于法律规定的不正当竞争行为。

A. 某市政府发文规定，由于最近本市连续发生多起煤气中毒事件，因此各单位必须统一使用本市煤气公司生产的煤气安全阀

B. 某商场为促销，张贴海报，宣传在年底举办有奖销售，最高奖品为价值4000元的彩电一台

C. 某市果品公司购进一大批水果，由于不便保存，决定降价销售，致使本市水果价格大幅度下降

D. 甲公司为提高本公司产品的市场占有率，通过座谈会形式，向顾客宣传乙公司的产品不如甲公司

7. 为争夺市场，某市甲、乙、丙、丁四家企业展开了激烈的竞争。下列行为中，不符合《反不正当竞争法》的有（　　）。

A. 甲企业首先降价，产品利润为零

B. 乙企业自恃财大气粗，不甘落后，产品以低于成本的价格销售

C. 丙企业慌了手脚，忍痛附赠奖品，价值为购货款的5%

D. 丁企业认为甲、乙、丙三家企业的做法太笨。该企业声称：凡购买本企业产品的消费者均可获得抽奖机会，最高奖品是小轿车一部，价值10万元。事

实上，该奖品根本就不存在

8. 下列行为中，属于不正当竞争行为的有（　）。

A. 甲厂捏造乙厂偷工减料，但只告诉了乙厂的几家客户

B. 甲厂产品发生质量事故，舆论误指为乙厂产品，乙厂公开说明事实真相

C. 甲电器公司为取得竞争优势，许诺给以高薪、出国进修等优惠条件，从乙厂业务骨干那里获取乙厂的技术秘密

D. 甲冰箱厂散布乙冰箱厂售后服务差的虚假事实，虽未指名但一般人可以推知

9. 甲经销商销售乙厂生产的名牌针织衫，租赁了在当地很有影响的丙商场的柜台。甲出于商业目的，为推销商品、占领市场，在销售时采取了一些措施。下列措施中，（　）是《反不正当竞争法》不允许的。

A. 以乙厂厂家销售的名义推销其名牌针织衫

B. 所雇用的销售人员均身着丙商场的工作服、佩带丙商场的标识

C. 标明甲自己的企业名称和标记，进行让利销售

D. 以明示方式给购买者价格折扣，但不入账

10. 经营者不得采用财物或者其他手段进行贿赂以销售或者购买商品。单位或者个人在账外暗中收受或给与回扣的，以（　）论处。

A. 贪污　　B. 受贿

C. 行贿　　D. 侵占

四、判断题

1.《反不正当竞争法》旨在保障社会主义市场经济健康发展，鼓励和保护公平竞争，制止不正当竞争行为，保护经营者和消费者的合法权益。（　）

2.《反不正当竞争法》从实质上看，就是反垄断法。（　）

3. 全社会都可以对不正当竞争行为进行监督。（　）

4. 监督检查部门在监督检查不正当竞争行为时有权查询，复制与不正当竞争行为有关的协议、单据、文件、记录、业务函电和其他资料。（　）

5. 有奖销售都是不正当竞争行为。（　）

6. 不正当竞争行为的主体是经营者，因此政府及其所属部门滥用行政权力妨碍经营者的正当竞争行为不属于不正当竞争行为。（　）

7. 假冒他人注册商标的行为既是侵犯注册商标专用权的行为，也是不正当竞争

行为。 （　）

8. 某市场规定买一件紧俏商品，必须同时购买另一种滞销商品，这属于不正当竞争行为。 （　）

9. 使用不知道是他人用盗窃等非法手段获取的商业秘密的，不视为侵犯商业秘密。 （　）

10. 政府为保障公民安全而限定购买其指定的合格商品，虽保护了消费者的权益，但违反了《反不正当竞争法》。 （　）

五、案例分析题

1. 某市煤气公司开设了一家专门经销热水器的门市部。为了保证门市部的收入及为煤气公司创造经济效益，煤气公司规定，凡是搬入新楼房需要安装煤气设施的住户，每户必须购买一台煤气公司门市部的热水器，并凭购买热水器的发票给予登记安装煤气设施。凡没有购买的用户，概不予以安装煤气设施。

问题：

（1）市煤气公司的行为属于什么性质的违法行为？

（2）这类行为为什么被有关法律所禁止？

（3）这类违法行为应由什么机构监督检查？

（4）监督检查部门对该煤气公司的这一违法行为应如何处理？

2. 甲、乙两家企业均为某市中式家具生产的企业，并分别使用注册商标 A 和 B。其中，甲是有 40 多年历史的老牌企业，企业负担重、问题多，经济效益也不佳。乙为新建企业，乙企业在创建之初广纳优秀人才，包括从甲企业辞职的技术骨干；同时，为创出自己的品牌之路，乙企业生产的产品不仅设计新颖，而且质优价廉，销路自然很好。甲企业为在竞争中取胜，虽然不提名，但在该市电视台、报纸等媒体上大肆宣称：本市某家新建中式家具企业聘用我单位辞退员工，仿造我企业产品，生产中偷工减料，特提请广大消费者注意，购买家具时，请认准 A 牌商标，谨防上当受骗。这些消息传播出来后，乙企业的客户纷纷找乙退货，致使乙企业生产严重滑坡，造成近百万元的经济损失。于是，乙企业向工商行政管理机关反映，要求处理。

问题：

（1）甲企业行为的性质是什么？

（2）工商行政管理机关应如何处理此案？

(3) 乙企业是否有权要求赔偿损失？损失额应当如何计算？

3. 某县甲商场决定在“十一”黄金周采取有奖销售的办法让商场的销售业绩再创新高。经研究决定，按以下规定开奖：凡购买商场的商品额达到98元即有抽奖机会。奖品如下：①特等奖1名，吉利熊猫车一部；②一等奖1名，价值2万元的摩托车一辆；③二等奖2名，港澳七日游；④三等奖3名，液晶电视机一台；⑤四等奖4名，微波炉一台。另外规定，兑奖的解释权属于商场。开奖后的第二天即有人中了三等奖，一下子轰动了整个县城，吸引了许多消费者。商场的销售额日增，有一天创纪录地销售了200万元。但细心人发现，自开始到结束也没有出现特等奖、一等奖、二等奖。后有人告到工商行政管理局，经工商行政管理局查明，该百货公司根本未设特等奖、一等奖、二等奖，是一场骗局。

问题：

(1) 该商场的行为是否构成不正当竞争行为？哪些行为违反了法律规定？

(2) 工商行政管理机关应如何处理此案？

参考解答

一、术语解释

(略)

二、单项选择题

1. C	2. B	3. B	4. D	5. D	6. B
7. C	8. B	9. D	10. B		

三、多项选择题

1. ABD	2. BCD	3. CD	4. ABDE	5. ABCD	6. AD
7. BD	8. ACD	9. AD	10. BC		

四、判断题

1. √　2. ×　3. √　4. √　5. ×　6. ×
7. √　8. √　9 . √　10. ×

五、案例分析题

1.（1）市煤气公司的行为属于公用企业强制限购的行为。

（2）由于这类行为限制了用户、消费者的自由选择权，将生产同种商品的其他经营者完全排除在特定的市场之外，妨碍了市场的公平竞争机制的正常运行，因此被我国《反不正当竞争法》禁止。

（3）应由该煤气公司所在市的工商行政管理部门负责监督检查。

（4）责令煤气停止违法行为，并根据情节处以 5 万元以上 20 万元以下的罚款。

2.（1）根据《反不正当竞争法》的规定，甲企业的行为是一种诋毁他人商誉的不正当竞争行为。

（2）工商行政管理机关可依据《反不正当竞争法》的规定，应责令甲企业停止播放和刊登广告，通过媒体说明事实真相，向乙企业声明道歉，并根据情节处以 1 万元以上 20 万元以下的罚款。

（3）根据规定，经营者违反法律规定，给被侵害的经营者造成损害的，应当承担损害赔偿责任。被侵害的经营者损失难以计算的，赔偿额为侵权人在侵权期间因侵权所获得的利润；并应承担被侵害经营者因调查该经营者侵害其合法权益的不正当竞争行为所支付的合理费用。依据上述规定，乙企业的近百万元损失可以要求甲厂赔偿。

3.（1）该商场的属于不当有奖销售行为，构成不正当竞争行为。

此行为违反了《反不正当竞争法》中的关于有奖销售的相关规定：“经营者不得从事有奖销售：采取谎称有奖或者故意让内定人员中奖的欺骗方式进行有奖销售；抽奖式的有奖销售，最高奖的金额超过 5000 元。”

（2）根据《反不正当竞争法》的规定，工商行政管理局应对该商场处以 10 万元罚款。

第九章 产品质量法

习　题

一、术语解释

1. 产品质量法

2. 产品质量义务

3. 产品质量瑕疵担保责任

4. 产品责任

二、单项选择题

1. 某品牌电子词典在某商场促销，宣称此产品有包括英文、中文、日文、法文、俄文、韩文六种语言的字典功能。赵佳觉得此产品款式、功能都不错，便购得一台，回家试用后发现该产品只有英文和中文的字典功能，遂向商场提出退货，商场答复："该产品说明书未就其使用性能作明确说明，且产品本身无质量问题，所以顾客应向厂家索赔，商场概不负责。"对此，依据《产品质量法》的规定，赵佳应该怎么办？（　　）

A. 只能向生产者要求退换

B. 应该要求销售者给予退换

C. 可选择向销售者或生产者要求退换并给予赔偿

D. 因未当场认真检验商品，所以不能要求退换

2. A 酒业有限公司使用酒精勾兑制成白酒，使用本公司酿制的粮食白酒“君享珍品”的包装及标贴向社会销售。该种勾兑制成的白酒理化、卫生指标符合国家标准，每瓶售价为“君享珍品”的 20%，销售状况非常好。对该厂的上述做法我们应如何定性？（　　）

A. 属于以假充真行为

B. 有关指标符合国家标准，不属以假充真行为

C. 与“君享珍品”差价显著，不属以假充真行为

D. 国家允许生产代粮白酒，不属以假充真行为

3. 根据《产品质量法》的规定，国家对产品质量监督实行以（　　）为主要方式的监督检查制度。

A. 重复抽查　　B. 公告

C. 抽查　　D. 重点调查

4. 生产者、销售者对抽查检验的结果有异议的，可以自收到检验结果之日起（　　）日内向实施监督抽查的产品质量监督部门或者其上级产品质量监督部门申请复检。

A. 7　　B. 10

C. 15　　D. 30

5. 依照《产品质量法》的规定，下列（　　）产品属于该法所称的产品？

A. 色拉油　　B. 立交桥

C. 冰毒　　D. 楼房

6. 王某在使用新购买的“巧厨”牌电压力锅做饭时突然发生爆炸，王某被炸飞的锅盖击中眼睛，造成失明。后根据质量检测专家鉴定，电压力锅发生爆炸的直接原因是设计不尽合理，使用时造成排气阀和安全阀同时堵塞而发生爆炸。本案中，可以以下列（　　）为依据判定生产者承担责任。

A. 产品存在的缺陷　　B. 产品买卖合同约定

C. 产品默示担保条件　　D. 产品明示担保条件

7. A 厂售与宏达商场一批波西米亚彩碎玻璃台灯，称玻璃灯罩上有不规则的抽象花纹为新产品，宏达商场接货后即行销售，后受到很多消费者投诉。消费者说玻璃灯罩上的花纹实际上为裂缝，要求宏达商场退货并赔偿损失，宏达商场与 A 厂交涉，A

厂称裂缝不影响正常使用，且有特殊的美学效果，拒绝承担责任。经查，消费者所述属实。下列答案中不正确的是（   ）

A. 宏达商场应予退换并赔偿损失

B. 宏达商场退换并赔偿损失后可向 A 厂追偿

C. 消费者李某被玻璃灯罩裂缝划伤，可向 A 厂直接索赔

D. 宏达商场无过错，不应当对此负责

8. 某羊毛衫厂生产的羊毛衫经相关部门质量检测，属于三等品，厂家为了促销、牟取不正当利润，在产品标识上将该批羊毛衫标记为一等品进行出售。该羊毛衫厂的行为属产品质量法规定的（   ）行为。

A. 以不合格产品冒充合格产品　　B. 以假充真

C. 以次充好　　D. 掺杂掺假行为

9. （   ）可以不附加产品标识。

A. 瓶装酱油　　B. 罐装啤酒

C. 散装饼干　　D. 家用电器

10. 国务院产品质量监督管理部门是指（   ）。

A. 国家计量技术监督管理局　　B. 全国打假办公室

C. 国家质量监督检验检疫总局　　D. 国家工商行政管理总局

三、多项选择题

1. 依据《产品质量法》的有关规定，生产者不能从事的行为包括（   ）。

A. 生产不符合国家和国际先进的产品标注的产品

B. 生产国家明令淘汰的产品

C. 伪造产地生产产品

D. 以不合格产品冒充合格产品

2. 产品的销售者销售不符合在产品或者其包装上注明采用的产品标准的，应当负责修理、更换、退货。拒不承担此责任的由（   ）责令其改正。

A. 各级人民政府　　B. 消费者协会

C. 产品质量监督部门　　D. 工商行政管理部门

3. 下列产品中，应有警示标志或中文警示说明的有（   ）。

A. 农药　　B. 需稀释方可使用的消毒剂

C. 易燃易爆物品　　D. 盒装牛奶

4. 下列产品中，不属于《产品质量法》调整的是（　　）。

A. 石油　　B. 家具

C. 服装　　D. 大豆

5. 下列产品中，销售者不得销售的是（　　）。

A. 积压的皮鞋　　B. 超过保质期的饮料

C. 没有中文名称的化妆品　　D. 无厂名厂址的空调

6. 销售者在产品质量方面承担民事责任的具体形式有（　　）。

A. 修理　　B. 更换

C. 退货　　D. 赔偿

7. 产品或者其包装上的标识，应当包括（　　）。

A. 检验合格证明

B. 有中文标明的产品名称、生产厂厂名和厂址

C. 限期使用的产品，应当在显著位置标明生产日期或者失效日期

D. 使用不当，容易造成产品本身损坏或者可能危及人身、财产安全的产品，有警示标志或中文警示说明

8. 以下产品中，（　　）不是存在《产品质量法》所称“缺陷”的产品。

A. 损伤皮肤的化妆品　　B. 制冷效果不好的空调

C. 图像效果不佳的电视机　　D. 通话质量不稳定的手机

9. “三无”产品是指（　　）。

A. 无产品合格证明

B. 无产品名称、生产厂名和厂址

C. 无产品生产日期和安全使用期或者失效日期

D. 无质量认证标志

10. 销售者不得销售（　　）产品。

A. 伪造产地　　B. 冒用他人厂名、厂址

C. 伪造认证标志　　D. 冒用认证标志

四、判断题

1. 因产品存在缺陷造成人身、他人财产损害的，由生产者承担赔偿责任，销售者

不承担赔偿责任。（　　）

2. 某商店正在销售一批电暖宝，并明示该批电暖宝在充电时有漏电的毛病，所以降价处理。根据规定，该商店不能销售该批电暖宝。（　　）

3. 因产品存在缺陷造成损害要求赔偿的诉讼时效期间为2年，自当事人知道或应当知道其权益受到损害时起计算。（　　）

4.《产品质量法》所称的产品是指经过加工、制作的产品。（　　）

5. 根据产品的特点和使用要求，需要标明产品规格、等级、所含主要成分的名称和含量的，用中文相应予以标明。（　　）

6. 工商行政管理机关不可以直接适用《产品质量法》处理案件。（　　）

7. 生产者、销售者在产品中掺杂、掺假，以假充真，以次充好，或者以不合格产品冒充合格产品，销售金额在10万元以上的，即构成犯罪。（　　）

8. 国家质量监督部门对依法进行的产品质量监督检查，生产者、销售者不得拒绝。（　　）

五、案例分析题

1. 据2010年9月20日《新文化报》的报道，中秋佳节将至，月饼的销量剧增。9月18日，记者在长春市二道区英俊镇长青村10队发现了一处月饼加工点，记者佯装经销商走进室内，记者注意到：五六十平方米的房子被隔出3个房间，里面并排两间是储物和休息用的，外间是工作间，放着一块大大的面板，一女子正在往香蕉纸箱里装月饼，而她并没戴手套或借助任何工具。在门口的烤盘里还有一些散放的月饼，上面满是苍蝇，旁边的烤箱上也满是污渍。记者拿起一袋分装好的月饼，包装上居然印QS标识，但找了半天也没看见厂名、厂址和生产日期。“我们是往现烤现卖的店里送，他们都跟客人说是自己烤的，所以不用日期。”屋内一位胖男子一边说，一边递给记者印有“军强食品坊”字样的名片。

后经工商部门调查发现，这个月饼加工点啥证也没有，是一个纯粹的黑窝点。工商部门依法对其进行了制裁。

问题：

（1）本案中记者到加工点暗访是否合法？为什么？

（2）这个月饼加工点的行为违反了什么规定？应承担什么责任？

（3）工商行政管理部门会怎样依法对其进行制裁？为什么？

（4）《产品质量法》规定了哪些产品质量的行政制裁？

2. 2010 年 3 月 20 日，李某在诚信商场购买了一个电饭锅。当日，李某在正常使用该电饭锅过程中，因电饭锅漏电而被电流击伤，造成手指残废。2011 年 4 月 2 日，李某以诚信商场为被告在法院提起诉讼，请求法院判令诚信商场对其因触电致残承担赔偿责任。诚信商场在答辩状中称：①根据《民法通则》的规定，因身体伤害要求赔偿的诉讼时效期间为 1 年，因此原告的起诉已过诉讼时效；②原告触电是由于电饭锅存在质量缺陷，被告作为产品销售者没有过错，因此原告无权要求诚信商场承担赔偿责任，而应向电饭锅的生产者顺风电器厂要求赔偿。法院认为，被告的两条答辩理由均不成立，最后判诚信商场败诉。

问题：

（1）被告诚信商场的第一条答辩理由为什么不成立？

（2）被告诚信商场的第二条答辩理由为什么不成立？

（3）被告诚信商场应承担哪些赔偿责任？

（4）如果经鉴定，电饭锅漏电确系由于该产品的设计与制造工艺缺陷所致，诚信商场赔偿后，对顺风电器厂享有什么权利？

参考解答

一、术语解释

（略）

二、单项选择题

1. C　　2. A　　3. C　　4. C　　5. A　　6. A

7. D　　8. C　　9. C　　10. C

三、多项选择题

1. BCD　　2. CD　　3. ABC　　4. AD　　5. BCD　　6. ABCD

7. ABCD　　8. ABCD　　9. ABC　　10. ABCD

四、判断题

1. ×　　2. √　　3. √　　4. ×　　5. √　　6. ×
7. ×　　8. √

五、案例分析题

1.（1）本案中记者到加工点暗访合法。《产品质量法》规定：消费者有权就产品质量问题向产品的生产者、销售者查询；向产品质量监督部门、工商行政管理部门及有关部门申诉，接受申诉的部门应当负责处理。

（2）这个月饼加工点的行为违反了《产品质量法》的相关规定。在产品质量上，《产品质量法》规定：应当不存在危及人身、财产安全的不合理危险，有保障人体健康、人身、财产安全的国家标准、行业标准的，应当符合该标准。在产品包装标识上，《产品质量法》规定：应有检验合格证，产品包装上应注明产品名称、生产厂名和厂址；限期使用的产品，标明生产日期和安全使用期或者失效日期。《产品质量法》还规定，生产者不得伪造或者冒用认证标志、名优标志等质量标志；生产者生产产品，不得掺杂、掺假，不得以假充真、以次充好，不得以不合格产品冒充合格产品。

本案中的月饼加工点，生产月饼不符合国家食品卫生标准要求，标签上未注明出厂日期及有效期，包装上冒用 QS 标识等行为违反了上述法律规定，应承担产品质量的行政责任。

（3）工商行政管理部门会依法对其进行责令停产、没收产品、罚款等处行政制裁。根据《产品质量法》的规定，产品质量的行政责任是指生产者违反了行政法规所应承担的法律后果。生产者如果不履行法律规定的义务，侵犯了消费者及社会的公众利益，扰乱了正常的产品质量管理秩序，触犯了受法律保护的行政关系，但还没有构成犯罪，生产者就要承担产品质量的行政责任，受到法律的制裁。行政制裁是由执行产品质量监督管理机关（本案此机关是工商行政管理部门）依法作出的行政处罚决定。

（4）行政制裁分为行政处罚和行政处分两种形式。行政处罚的形式有：①停止生产；②吊销营业执照；③没收违法所得、没收产品；④罚款；⑤责令改正、更正、公开更正。

2.（1）《产品质量法》规定，因产品存在缺陷造成损害要求赔偿的诉讼期间为 2

年，自当事人知道或者应当知道其权益受到损害时起计算。李某在受到损害1年后提起诉讼，没有超过诉讼时效。

(2)《产品质量法》规定，因产品存在缺陷造成人身、他人财产损害的，受害人可以向产品生产者要求赔偿，也可以向产品的销售商要求赔偿。诚信商场属于电饭锅的销售商，李某作为受害人有权向其提出赔偿要求。

(3) 按照《产品质量法》的规定，诚信商场应当赔偿李某的医疗费、因误工减少的收入、残疾者生活补助费等费用。

(4)《产品质量法》规定，产品存在缺陷造成人身、他人财产损害的责任属于产品生产者的，销售者赔偿的，销售者有权向生产者追偿。因此，诚信商场赔偿后，有权向设计和制造电饭锅的顺风电器厂追偿。

第十章 消费者权益保护法

习　题

一、术语解释

1. 自主选择权
2. 消费者
3. 知悉真情权
4. 公平交易权
5. 获得赔偿权
6. 消费者权益保护法

二、单项选择题

1. 经营者的下列（　　）行为，未违反《消费者权益保护法》规定的义务。

A. 店堂告示“商品一旦售出概不退换”

B. 店堂告示“未成年人须由成年人陪伴方可入内”

C. 顾客购买两条毛巾索要发票，经营者以“小额商品，不开发票”为由加以拒绝

D. 出售蛋类食品的价格经常变化

2.《消费者权益保护法》调整的对象是（　　）。

A. 消费者为生产需要购买，使用商品或接受服务时所发生的法律关系

B. 各商家为经营需要而发生的购销关系

C. 消费者为生活消费需要购买，使用商品或者接受服务而发生的法律关系

D. 消费者为营利而进行的购销活动

3. 经营者提供商品或服务有欺诈行为的，应当按照消费者的要求增加赔偿其受到的损失，增加赔偿的金额为消费者购买商品或接受服务的价款的（　　）。

A. 1 倍　　B. 2 倍

C. 3 倍　　D. 4 倍

4. 甲厂生产一种易拉罐装碳酸饮料。消费者丙从乙商场购买这种饮料后，在开启时被罐内强烈气流炸伤眼部，下列答案中最正确的是（　　）。

A. 丙只能向乙索赔

B. 丙只能向甲索赔

C. 丙只能向消费者协会投诉，请其确定向谁索赔

D. 丙可向甲、乙中的一个索赔

5. 经营者应当保证其提供的商品或服务符合保障人身、财产安全的要求。对（　　）的商品，应当向消费者作出真实的说明和明确的警示，并说明和表明正确使用商品的方法以及防止危害发生的方法。

A. 数量不足　　B. 可能危及人身、财产安全

C. 未经检验　　D. 不合理

6. 当顾客询问某一商品的情况时，售货员拒不回答，这种行为侵犯了消费者的（　　）。

A. 名誉权　　B. 知情权

C. 选择权　　D. 人格权

7. 国家对消费者的保护有法律监督、行政监督、社会监督和行业监督等多种方式，其中消费者协会的监督属于（　　）。

A. 行政监督　　B. 社会监督

C. 行业监督　　D. 司法监督

8. 我国明确规定消费者知悉真情权的法律是（　　）。

A. 产品质量法　　B. 消费者权益保护法

C. 反不正当竞争法　　D. 广告法

9. 我国首次规定惩罚性赔偿金的法律是（　）。

A. 合同法　　B. 产品质量法

C. 民法通则　　D. 消费者权益保护法

10. 经营者不得以（　　）等方式作出对消费者不公平、不合理的规定，或者减轻、免除其损害消费者的合法权益应当承担的赔偿责任。

A. 书面

B. 合同、告示

C. 格式合同、通知、声明、店堂告示

D. 口头

11. 消费者在购买使用商品时，其合法权益受到损害的，可以向（　　）要求赔偿。

A. 销售者　　B. 运输者

C. 生产者　　D. 供货者

12. 经营者提供商品或服务时，消费者索要购货凭证或服务单据的，经营者（　）。

A. 必须提供　　B. 对金额较大的应该出具

C. 个体经营户可不出具　　D. 金额较小的可不出具

13. 下列不属于消费者协会的职能的是（　　）。

A. 向消费者提供消费信息和咨询服务

B. 参与有关行政部门对商品和服务的监督、检查

C. 从事商品经营和营利性服务

D. 受理消费者的投诉，并对投诉事项进行调查、调解

14. 消费者袁某在购买商品后，发现商品存在瑕疵时，下列说法正确的是（　）。

A. 袁某只能向该商品生产者主张赔偿

B. 袁某可以向该商品的销售者主张赔偿

C. 袁某既可以向销售者要求赔偿，也可以向生产者要求赔偿

D. 若销售者有证据表明该瑕疵是在销售过程中其他销售者所致，有权拒绝赔偿

15、张军在一家服装专卖店看上某款上衣，试穿后觉得面料着身不是很舒服，就

放弃购买。张军在打算离开时，被该店的营业员拦住，称衣服试穿后就必须要购买，否则不允许离开。营业员的行为侵犯了张军的（　　）。

A. 公平交易权　　B. 自主选择权

C. 受尊重权　　D. 知情了解权

三、多项选择题

1. 消费者和经营者发生消费者权益争议的，可以通过下列（　　）途径解决。

A. 与经营者协商和解

B. 请求消费者协会调解

C. 根据与经营者达成的仲裁协议提请仲裁机构仲裁

D. 向有关行政部门申诉

2. 在甲公司举办的商品展销会期间，消费者王铭从标明参展单位为乙公司的展位柜台购买了一台饮水机，使用时发现有漏电现象，无法正常使用。由于展销会已经结束，王铭先后找到甲公司、乙公司，方得知展销会期间乙公司将租赁的部分柜台转租给了丙公司，该电暖器系由丙公司出售的。在这种情况下，王铭可以向（　　）要求赔偿。

A. 甲公司　　B. 乙公司

C. 丙公司　　D. 自己承担

3. 经营者侵害消费者的人格尊严或者侵犯消费者人身自由的，应当承担下列（　　）责任。

A. 停止侵害　　B. 恢复名誉

C. 消除影响　　D. 赔礼道歉

4. 下列（　　）行为违反了消费者权益保护法。

A. 某服装店没有在其出售的商品上标价

B. 某出租汽车司机拒绝开具发票

C. 某皮鞋厂在某商厦租赁一柜台，但未标明厂名

D. 某市消费者协会向社会推荐优质优价的运动鞋，但未收取任何报酬

5. 生产者在下列（　　）情况下不对消费者负责赔偿。

A. 赵岚从销售者处购买的化妆品在使用中不具有电视广告上所呈现的显著效果

B. 刘某从农科所盗窃其正在研制的葡萄酒样品，饮用后刘某肠胃不适住进医院

C. 因销售者贮存不当致使药品变质而使某患者服药后过敏

D. 消费者使用产品后发生不适，但现在科学技术无法证明产品与不适之间的关系

6. 刘洪在甲商店购买了一台乙生产的电暖气，使用中因漏电而造成人员伤残。根据《消费者权益保护法》的规定，消费者可以向（　　）提出侵权损害赔偿请求。

A. 生产者（乙生产企业）　　B. 仓储者

C. 运输者　　D. 销售者（甲商店）

7. 王某在商场购买的一台冰箱，使用 3 个月后发生故障，在“三包”有效期内，经两次修理，仍不能正常使用。该商场应如何解决此问题？（　　）

A. 王某要求退货时，应无条件退货

B. 可以要求王某交付折旧费后退货

C. 王某要求调换时，应无条件调换同型号产品

D. 可以要求王某支付折旧费后调换同型号产品

8. 消费者在购买使用商品时享有（　　）。

A. 保障安全权　　B. 知悉真情权

C. 公平交易权　　D. 依法求偿权

四、判断题

1. 经营者不得搜查消费者的身体，但可以根据需要搜查消费者携带的物品。（　　）

2. 消费者在展销会购买商品，其合法权益受到损害的，在展销会期间，既可以向销售者要求赔偿，也可以向展销会的举办者要求赔偿。（　　）

3. 经营者对包修、包换、包退的大件商品，消费者要求消费修理、更换、退货的，经营者不承担运输费用。（　　）

4.《消费者权益保护法》规定的赔偿金既具有惩罚性，又具有补偿性。（　　）

5. 消费者为生产和生活消费需要购买、使用商品或接受服务，受《消费者权益保护法》的保护。（　　）

6.《消费者权益保护法》规定，格式合同可以作出对消费者不公平、不合理的规定。（　　）

7. 租赁他人柜台的经营者，应当标明出租柜台单位的真实名称和标记。（　　）

8. 消费者在购买商品或者接受服务时，有权拒绝经营者的强制交易行为。（　　）

五、案例分析题

1. 刘女士在某商店购买一件标为100%纯羊绒的毛衫，其售价为1680元，但商店标明“明码标价，概不退换”。刘女士穿了3天后衣服起满毛球，于是到市质量监督检验局要求检验，鉴定结果证明羊绒衫所用原料为100%腈纶。随后，刘女士到购买毛衫的商店要求退货并赔偿因此而造成的损失。商店营业员回答：当时标明“明码标价，概不退换”，再说店内该柜是出租给个体户的，现在他已破产，租借柜台的费用尚未付清，人也找不到，你只好自认倒霉。

问题：

（1）商店（经营者）违反了我国《消费权益保护法》的哪些内容？

（2）商店对刘女士应负哪些责任？

2. 2010年2月12日，赵某在本市某商场购买由A厂生产的冰箱一台，同年同月24日又购得一部B公司生产的多功能电源保护器，次日，原告在家中安装好冰箱和电源保护器。半个月后，一日赵某下班回家发现，因冰箱电路出现故障，高温下导致冰箱起火，烧毁部分家具及用品，因发现及时，幸未发生重大火灾。为此，赵某向法院起诉，状告某商场、A冰箱厂和B公司，要求维护消费者权益，赔偿损失，由三个单位负连带责任。法院在调查过程中，经技术监督局对A厂的冰箱和B公司的电源保护器进行质量鉴定，认定：①该品牌和型号的电冰箱线路连接上存在某些缺陷，一般情况下不会出故障，在特定的情况下会产生高温；②电源保护器已经被烧毁无法鉴定，但对同样商品检测，没有发现质量问题；③原来赵某在安装电源保护器与冰箱时，未按说明书正确安装，使保护器无法发挥正常作用，导致冰箱等物品被烧毁。

问题：

（1）依照《消费者权益保护法》的规定，销售者是否应当对赵某进行赔偿？

（2）生产者是否要承担赔偿责任？

（3）制造保护器的B公司是否应当承担赔偿责任？

（4）是否可以因赵某的过错而免去冰箱生产者的赔偿责任？

参考解答

一、术语解释

（略）

二、单项选择题

1. D　2. C　3. A　4. D　5. B　6. B
7. B　8. B　9. D　10. C　11. A　12. A
13. C　14. C　15. B

三、多项选择题

1. ABCD　2. ABC　3. ABCD　4. ABC　5. ABCD　6. AD
7. AC　8. ABCD

四、判断题

1. ×　2. √　3. ×　4. √　5. ×　6. ×
7. ×　8. √

五、案例分析题

1.（1）A. 本案中商店规定“概不退换”违法。《消费者权益保护法》规定：经营者不得以格式合同、通知、声明、店堂告示等方式作出对消费者不公平、不合理的规定，或者减轻、免除其损害消费者的合法权益应当承担的赔偿责任。同时，《消费者权益保护法》还规定：经营者提供商品或服务，应当按照国家规定或与消费者的约定，承担包修、包换、包退或其他责任的，应当履行，不得故意拖延或无理拒绝。“三包”是《消费者权益保护法》对商品经营者的强制性规定，商品经营者无权单方面声明免责，本案中商店规定“概不退换”显然违法。

B. 本案中，商店抗辩认为“店内该柜是出租给个体户的，现在他已破产，租柜台的费用尚未付清，人也找不到，你只好自己倒霉”的说法违法。《消费者权益保护法》明确规定，“消费者在展销会、租赁柜台购买商品或接受服务，其合法权益受到损害的，可以向销售者或服务者要求赔偿。展销会结束或柜台租赁期满后，可以向展销会的举办者、柜台的出租者要求赔偿。展销会的举办者、柜台的出租者赔偿后，有权向销售者或服务者追偿。”可见，柜台出租者应当对其出租的柜台商品质量承担责任。

C. 商店出售假冒伪劣商品违法。《消费者权益保护法》规定，经营者有保证质量的义务。本案中，商店出售的标为100%纯羊绒的毛衫，经鉴定证明羊绒衫所用原料为100%腈纶，是假冒商品，商场的行为属于欺诈。

（2）商店不仅要退还刘女士购买毛衫所用的1680元价款，对于商场的欺诈行为，还要承担1680元的赔偿金。

2.（1）依照《消费者权益保护法》的规定，销售者可以先行进行赔偿。但销售者无过错，不承担最后的赔偿责任，如先行赔偿，可向生产者追偿。

（2）消费者赵某的财产损害，主要因生产者A厂的冰箱有缺陷所致，生产者要对消费者赵某的财产损害承担产品责任。

（3）制造保护器的B公司所生产的产品不存在缺陷，赵某的财产损害与保护器失效无关，因此不承担责任。

（4）消费者赵某因安装保护器不当，也有一定的过错。依照“严格责任原则”，电冰箱电源线路有缺陷是损害发生的根本原因，所以不因赵某的过错而免去冰箱生产者的赔偿责任，但可以酌情减轻赔偿的责任。

第十一章 税法

习　题

一、术语解释

1. 税收
2. 流转税
3. 所得税
4. 税收管理体制
5. 税款征收
6. 税收保全措施
7. 税收强制执行措施
8. 偷税

二、单项选择题

1. 从理论上讲，征税主体是（　　）。

A. 纳税人　　B. 纳税义务人

C. 扣缴义务人　　D. 国家

2. 最能体现税收强制性特点的是（　　）。

A. 税率　B. 税目
C. 纳税期限　D. 违法处理

3. 下列不征收消费税的是（ ）。
A. 农药　B. 化妆品
C. 摩托车　D. 汽油

4. 税收制度的核心是（　　）。
A. 征税主体　B. 纳税主体
C. 征税客体　D. 税率

5. 消费税属于（ ）。
A. 流转税类　B. 所得税类
C. 财产税类　D. 行为税类

6. 增值税的基本税率为（ ）。
A. 17%　B. 13%
C. 33%　D. 6%

7. 长期以来，我国的税收制度实行以（ ）为主体的模式。
A. 所得税类　B. 资源税类
C. 流转税类　D. 财产税类

8. 下列各项中，应征收资源税的是（ ）。
A. 人造石油　B. 柴油
C. 中外合作开采石油　D. 天然原油

9. 根据契税法律制度的规定，下列各项中应缴纳契税的是（ ）。
A. 承包者获得农村集体土地承包经营权　B. 企业受让土地使用权
C. 企业将厂房抵押给银行　D. 个人承租居民住宅

10. 下列各项中，不需要办理税务登记的是（　　）。
A. 从事生产经营的事业单位　B. 取得工资、薪金的个人
C. 企业在外地设立的分支机构　D. 个体工商户

11. 根据税收法律制度的规定，对于经主管税务机关认定批准的生产、经营规模小，达不到设置账簿标准，难以查账征收，不能准确计算计税依据的个体工商户，适用的税款征收方式为（　　）。
A. 查账征收　B. 查定征收

C. 查验征收　　D. 定期定额征收

12. 根据税收征收管理法律制度的规定，经县以上税务局（分局）局长批准，税务机关可以依法对纳税人采取税收保全措施。下列各项中，不属于税收保全措施的是（　　）。

A. 责令纳税人暂时停业，直至缴足税款

B. 扣押纳税人的价值相当于应纳税款的商品

C. 查封纳税人的价值相当于应纳税款的货物

D. 书面通知纳税人开户银行冻结纳税人的金额相当于应纳税款的存款

13. 纳税人有合并、分立情形的应当向税务机关报告，并依法缴清税款。纳税人合并时未缴清税款的应当由（　　）。

A. 合并后的纳税人继续履行未履行的纳税义务

B. 合并前的纳税人继续履行未履行的纳税义务

C. 合并后的纳税人对未履行的纳税义务承担连带责任

D. 合并前的纳税人对未履行的纳税义务承担连带责任

14. 纳税人下列行为中，属于骗税行为的有（　　）。

A. 虚假纳税申报，不缴或少缴应纳税款的行为

B. 转移或者藏匿财产的行为

C. 以暴力、威胁方法拒不缴纳税款的行为

D. 以假报出口的方式，得到国家出口退税款

15. 2011年10月26日，浙江湖州吴兴区织里镇一户童装小业主拒交税款，并召集多名业主围攻上门征税人员，引发600余民众围观聚集。后来部分人员聚集到织里镇富民路，造成交通堵塞。上述行为属于（　　）。

A. 偷税　　B. 骗税

C. 漏税　　D. 抗税

三、多项选择题

1. 下列要素属于税收制度的构成要素的是（　　）。

A. 纳税人　　B. 课税对象

C. 税率　　D. 纳税期限

2. 我国现行税率分为（　　）。

A. 比例税率　　B. 定额税率

C. 累进税率　　D. 定量税率

3. 对生产销售汽油、柴油的企业，要缴纳的税种有（　　）。

A. 营业税　　B. 增值税

C. 企业所得税　　D. 资源税

E. 消费税

4. 增值税的纳税人包括在中国境内（　　）的各类企业、单位、个体经营者和其他个人。

A. 销售货物　　B. 进口货物

C. 提供加工、修理修配劳务　　D. 销售不动产

5. 营业税的纳税人包括在中国境内（　　）的单位和个人。

A. 销售货物　　B. 提供应税劳务

C. 转让无形资产　　D. 销售不动产

6. 中央与地方共享税包括（　　）。

A. 增值税　　B. 资源税

C. 证券交易印花税　　D. 消费税

7. 下列属于中央固定收入的是（　　）。

A. 消费税　　B. 营业税

C. 个人所得税　　D. 关税

8. 下列属于征收车船税的有（　　）。

A. 畜力车　　B. 摩托车

C. 电车　　D. 低速货车

9. 纳税人办理下列（　　）事项时，必须提供税务登记证件。

A. 开立银行账户　　B. 申请减税、免税

C. 办理停业、歇业　　D. 领购发票

10. 下列可以不办理纳税登记的是（　　）。

A. 县教育局　　B. 社区诊所

C. 人民法院　　D. 下岗职工开的餐饮店

11. 某大型超市在2011年度缴纳的下列税种中，属于地方税务局征收的有（　　）。

A. 增值税　　B. 房产税

C. 印花税　　　　　　　　　　　　　　D. 车船税

12. 根据我国《税收征管法》及其实施细则的规定，税款征收方式有（　　）方式。

A. 查账征收　　　　　　　　　　　　　B. 查定征收

C. 查验征收　　　　　　　　　　　　　D. 定期定额征收

13. 根据《税收征管法》的规定，下列各项中，属于税收强制执行措施的有（　　）。

A. 暂扣纳税人营业执照

B. 书面通知纳税人开户银行从其存款中扣缴税款

C. 依法拍卖纳税人价值相当于应纳税款的货物，以拍卖所得抵缴税款

D. 书面通知纳税人开户银行冻结纳税人的金额相当于应纳税款的存款

四、判断题

1. 税收分配的主体是国家，凭借的是国家政治权力。（　　）

2. 与全额累进税率比，实行超额累进税率时，纳税人的税负水平较重。（　　）

3. 现行的流转税主要由增值税、关税、消费税和营业税组成。（　　）

4. 税率是区别一个税种和另外一个税种的根本标志。（　　）

5. 纳税人与负税人是否一致，主要取决于税负是否可以转嫁。（　　）

6. 在应纳税所得额的确定上，可以这么说，应纳税所得额就是企业的利润总额。（　　）

7. 下岗职工赵某开办了一个商品经销部，按规定享受一定期限内的免税优惠。他认为既然免税就不需要办理税务登记。（　　）

8. 纳税人注销税务登记，需要先向工商行政管理部门办理工商注销登记，再进行税务注销登记。（　　）

9. 纳税人分立时未缴清税款的，分立后的纳税人对未履行的纳税义务不承担责任。（　　）

10. 税务机关采取强制执行措施时，个人及其所扶养家属维持生活必需的住房和用品，不在强制执行措施的范围之内。（　　）

五、案例分析题

某市为奖励甲、乙、丙三人在企业承包经营中作出的突出贡献，决定奖励三人各

一套住房、一辆小汽车和10万元奖金。在颁奖大会上，市政府临时决定当场宣布对三人奖励所得免征个人所得税。

问题：某市政府免税的决定合法吗？为什么？

参考解答

一、术语解释

（略）

二、单项选择题

1. D	2. D	3. A	4. D	5. A	6. A
7. C	8. D	9. B	10. B	11. D	12. A
13. A	14. D	15. D			

三、多项选择题

1. ABCD	2. ABC	3. BCE	4. ABC	5. BCD	6. ABC
7. AD	8. BCD	9. AD	10. AC	11. BCD	12. ABCD
13. BC					

四、判断题

1. √	2. ×	3. √	4. ×	5. √	6. ×
7. ×	8. ×	9. ×	10. √		

五、案例分析题

（1）某市政府免税的决定是不合法的；

（2）根据我国《个人所得税法》对免征和减征个人所得税的具体规定，只有“省级人民政府、国务院部委和中国人民解放军军以上单位，以及外国组织、国际组织颁发的科学、教育、技术、文化、卫生、体育、环境保护等方面的奖金”个人所得才能免纳个人所得税。因此，在本案例中，甲、乙、丙三人的奖金均为市级政府所颁发的奖金，都不属于免税范围内，都应缴纳个人所得税，所以该市政府免税的决定不合法。